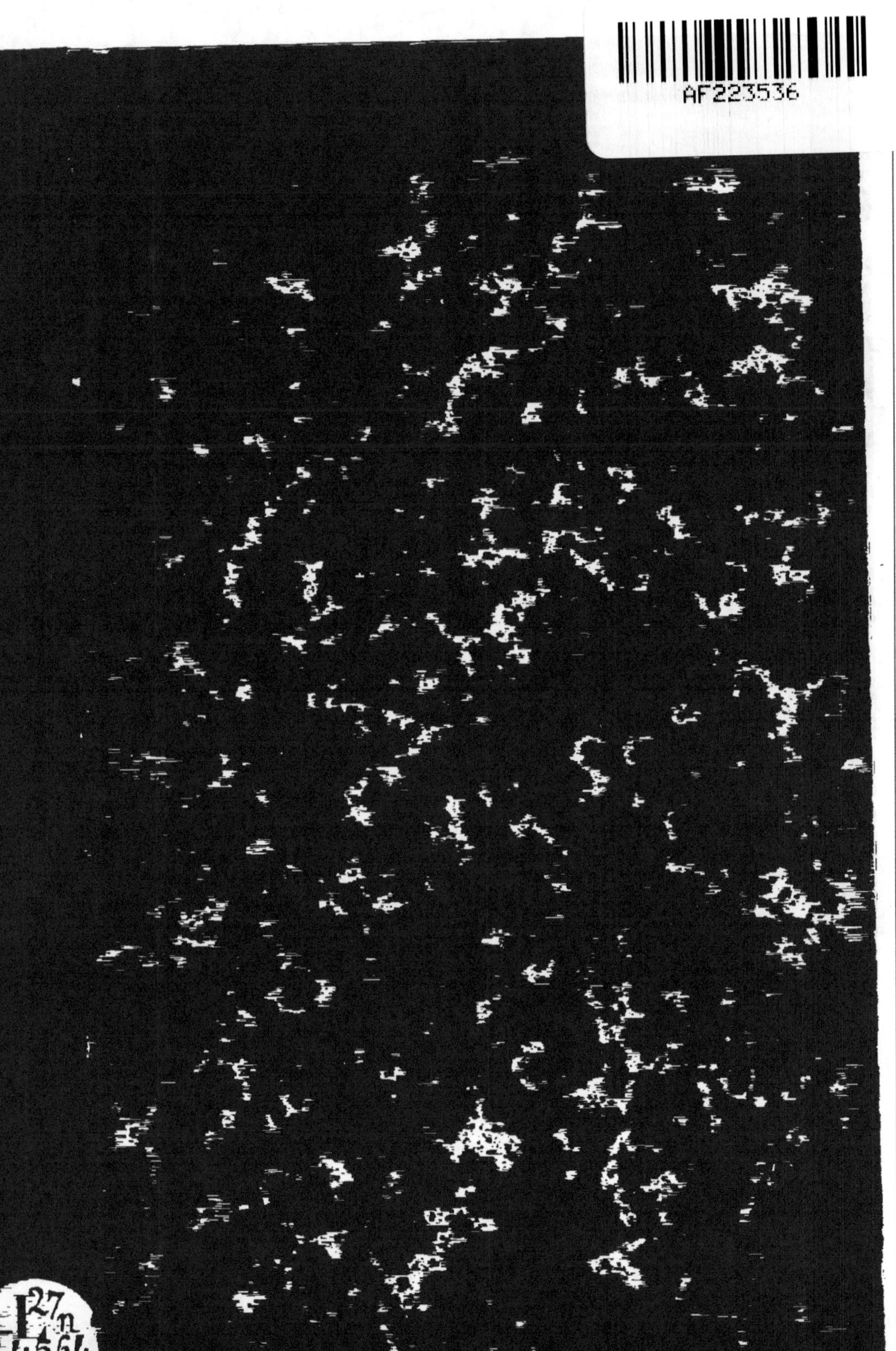

HISTOIRE

DES TROIS FRÈRES

LÉOPOLD, FRANÇOIS ET QUIRIN BAILLARD

PRÊTRES DU DIOCÈSE DE NANCY

PAR QUIRIN BAILLARD

A NOS NEVEUX ET NIÈCES

CHARLES-LÉOPOLD, THÉODORE-QUIRIN, AUGUSTE et FRANÇOIS-XAVIER BAILLARD, fils de JOSEPH BAILLARD, notre frère; LÉOPOLDINE, MARIE, CHARLES-JOSEPH et ARTÉNISE BAILLARD, enfants d'HUBERT BAILLARD, notre frère.

MES AMIS,

La vie de vos oncles prêtres a été marquée par tant d'événements graves, de circonstances intéressantes, qu'elle a eu du retentissement dans une grande partie des États de l'Europe et jusqu'en Amérique. Issus d'une des familles les plus honorables et les plus religieuses du pays qui les vit naître, estimés dans leur jeunesse partout où ils firent quelque temps leur résidence, honorés ensuite et aimés dans toutes les paroisses où ils exercèrent successivement leur ministère comme curés, Léopold et François, glorifiés comme missionnaires et prédicateurs distingués, tous prônés par le public intelligent et par les journaux comme hommes éminents d'action et entrepreneurs d'œuvres les plus grandes

1

et les plus avantageuses pour la religion et la société, ils ont eu une part de distinction dans les progrès du siècle, et ont largement payé leur tribut de service à la génération de l'époque à laquelle ils ont appartenu.

La jalousie, le despotisme, vinrent dans un temps connu de tout le monde entraver leur zèle et la marche florissante de leurs œuvres ; d'autres passions, la haine, la vengeance, parvinrent ensuite à violemment arrêter tout à fait et à faire tomber sur eux le blâme et la condamnation d'une conduite que leur conscience et l'honneur seuls les obligeaient de garder.

Du reste, au milieu de toutes ces péripéties, vos oncles sont demeurés tels que le demandaient de leur part la foi, l'honneur, la probité la plus intègre, et c'est pour vous renseigner *sûrement* que je viens vous retracer, très en abrégé, les faits principaux qui ont partagé les années de leur existence. Mon récit, vous pouvez en être certains, sera toujours l'expression de la plus exacte vérité, et si parfois je viens à tracer quelques lignes peu avantageuses pour certains personnages qui ont vécu ou qui vivent encore, j'en regretterai la nécessité, mais ce sera l'amour seul de la vérité et le devoir de l'impartialité qui m'y auront obligé.

Origine de la famille.

Le père des trois frères fut Léopold Baillard, fils de Quirin Baillard, un des principaux propriétaires de Borville, qui recueillit chez lui et sauva, en les cachant, un bon nombre de prêtres restés fidèles à leur foi à l'époque de la révolution de 1793, et leur mère fut Marie-Anne Boulay, fille unique de Christophe Boulay, homme distingué dans le même village par sa capacité et ses sentiments religieux, joints à des opinions avancées sous le rapport de l'esprit de liberté qui se développait alors en France. Son opinion lui avait fait croire à la solidité des *assignats* comme valeur de ce temps, et en ayant tenu près de lui pour une certaine somme, il fit une perte assez considérable lorsque ces valeurs n'en furent plus une, au point que dans leur enfance les jeunes Baillard s'amusaient avec ces *assignats* comme des enfants s'amusent avec des images de saints.

Le père des trois frères fut toujours regardé à Borville comme un modèle de foi, de probité, de justice, et du bon sens le plus droit et le plus sûr. Légitimiste par affection pour la famille des Bourbons, et surtout parce qu'il la regardait comme le plus ferme soutien pour la France des principes religieux auxquels il tenait par-dessus tout, il devint maire de la commune de Borville et en exerça les fonctions pendant quinze ans, c'est-à-dire tout le temps que dura la Restauration.

Son dévouement aux Bourbons était tel que, lorsque dans les soirées d'hiver il racontait à ses enfants la mort tragique de Louis XVI, de grosses et abondantes larmes tombaient de ses yeux.

Nos bien-aimés parents eurent de leur mariage neuf enfants, tous garçons, dont les trois prêtres, Léopold, François et Quirin, furent les aînés. Après eux vinrent Antoine, Joseph, Maurice, Hubert, Pierre et Jean. Les deux derniers moururent, l'un à l'âge de huit jours et l'autre à deux ans. Antoine, beau jeune garçon, doué des plus heureuses qualités du cœur et de l'esprit, s'éteignit doucement à la maison paternelle, à la suite d'une longue et douloureuse maladie, le 17 décembre 1820, à l'âge de près de vingt ans.

Joseph fut marié à Pagny-sur-Moselle avec une demoiselle d'une piété et d'une vertu distinguées, Mlle Élisabeth Boucher.

Maurice, jeune homme méritant sous tous les rapports, esprit pénétrant, cultivé, cœur grand et noble, stature heureuse, voix magnifique et rare, même au théâtre, parlant avec aisance et dignité, écrivant mieux encore, Maurice, après avoir fait ses classes de latinité, devint chef de bureau du sous-préfet de Lunéville, et fut débouté de cette position par la révolution de 1830, comme le sous-préfet lui-même de la sienne, et tous deux à cette occasion coururent de grands dangers de la part des révolutionnaires.

Maurice devint ensuite historien de la vie du bienheureux Pierre Fourrier de Mattaincourt, et reçut approbation de cet ouvrage par Monseigneur de Forbin-Janson, alors évêque de Nancy. Cet infortuné frère est mort à Paris le 28 septembre 1834, victime d'un infâme assassinat dont l'auteur est resté inconnu, mais que des faits cités par des journaux nous ont fait supposer avoir été le malheureux Lacenaire, ce célèbre assassin qui a porté ses crimes sur l'échafaud. Maurice n'était âgé que de vingt-huit ans.

Hubert, le plus jeune des sept frères restés vivants, après avoir mené une vie pleine de circonstances plus ou moins heureuses et plus ou moins pénibles, mais toujours intègre sous le rapport de l'honneur et de la probité comme sous celui de la foi et de la religion, est mort à Lunéville dans sa famille, à l'âge de cinquante-six ans, le 21 octobre 1863. Il avait épousé une demoiselle de Saxon-Sion, Mlle Barbe-Élisabeth Munier, dont il a eu quatre enfants, trois filles et un garçon, aujourd'hui existants.

Joseph est mort à Pagny-sur-Moselle dans sa famille, le 22 octobre 1849, à l'âge de quarante-sept ans, après une maladie de quelques mois, laissant sa veuve avec quatre garçons encore bien jeunes; bon, généreux, sociable, caractère ouvert, il emporta les vifs regrets de sa famille et ceux de ses connaissances.

François, le cadet des trois frères prêtres, a été enlevé à la vie présente le 4 juin 1863, à l'âge de soixante-cinq ans, à la suite d'une fluxion de poitrine mêlée d'une affection du cœur, qui ne dura que sept à huit jours. Il expira paisiblement, mais après avoir beaucoup souffert dans sa propre maison de Saxon-Sion.

Des sept frères, deux seulement sont encore de ce monde : c'est Léopold, l'aîné de tous, et Quirin, le troisième.

M. Baillard, le père des sept frères, est mort le 21 mai

1836, âgé de soixante-onze ans, dans sa maison, à Borville.
où il a été inhumé ; il fit une maladie d'environ six mois.

Marie-Anne Boulay mourut à notre maison de Sion-
Saxon le 21 novembre 1845, à l'âge de soixante-quinze ans
et reçut sépulture dans le cimetière dudit Sion. Quirin se
trouvait à ce moment à Londres, en Angleterre.

Première éducation des trois frères.

Les trois frères, Léopold, François et Quirin, naquirent
à Borville, canton de Bayon (Meurthe). Léopold, le 10 octobre
1796; François, le 19 avril 1798, et Quirin, le 23 novembre
1799. Tous les trois reçurent leur instruction primaire des
instituteurs du village, et commencèrent leurs études de
latin aussi à Borville auprès des curés du lieu, qui furent :
MM. Mouzon, Fontaine, Malglaive et Ambroise. Léopold,
ayant terminé ses classes de latinité, entra, jeune encore,
au séminaire de Nancy, pour s'y former aux sciences ecclé-
siastiques et se préparer à la prêtrise. Il s'y distingua par
sa capacité, ses mœurs douces et sa grande piété, ce qui
faisait que ses camarades d'étude recherchaient sa compagnie. Son séminaire terminé, il était encore trop jeune pour
entrer dans les ordres sacrés. Il fut alors envoyé à Heille-
court près de Nancy, pour y être le précepteur du jeune
Félix de Montravel, dont le père était capitaine de gendarmerie, et de là il devint professeur au petit séminaire de
Pont-à-Mousson, où il enseigna pendant une année la qua-
trième de latin et pendant deux ans la troisième. Ses élèves,
auxquels il fit faire des progrès très-rapides, l'aimaient
beaucoup, toujours par suite de ses qualités diverses.

François, après avoir fait une partie de son latin à Borville, entra au petit séminaire de Pont-à-Mousson, où il fit
sa troisième, sa seconde et sa rhétorique. Ses capacités
n'étaient pas aussi grandes que celles de Léopold, ni son

jugement aussi sûr; toutefois il avait une mémoire heureuse,
et il excellait en imagination comme en cœur généreux et
bon.

Quirin fit une partie de ses classes de latin à Borville,
les continua pendant une année et demie chez son frère Léopold, curé de Flavigny, puis entra au petit séminaire de
Pont-à-Mousson, y fit sa seconde et sa rhétorique en 1823
et 1824. Homme d'un jugement solide, il apprenait par
cœur trente vers alexandrins dans une demi-heure, de
manière à pouvoir les réciter imperturbablement, et sur cinquante élèves de sa classe, il tenait régulièrement place
dans le premier tiers pour les compositions. Il eut une fois
la deuxième et la cinquième place et la dixième en excel-
lence.

C'est ici le lieu de dire un mot des vacances des trois
frères pendant leur temps de séminaire. Comme elles étaient
belles, douces et agréables, ces vacances chez le père Baillard! La joie du papa et de la maman étaient indicibles à
l'arrivée de leurs abbés! C'était fête, joie, agréments de
toutes sortes dans la maison de Borville. La table se cou-
vrait, non pas de mets luxueux, mais les mets champêtres
de la maman y abondaient. Les fruits de toutes sortes y arrivaient; les vins de Bourgogne et de Bordeaux n'y figuraient
pas, mais c'était le bon vin vieux des vignes de Vahé (côteau
appelé de ce nom) du papa. Au dessert, les abbés chantaient
quelques chansons sur le bonheur des vacances, ou sur quelques autres sujets joyeux, ou quelques cantiques; car les
trois frères étaient des chantres à belles voix, surtout Léopold qui avait une voix musicale. Des abbés, camarades de
séminaire, venaient aussi à chaque vacance prendre part à
une partie de ces fêtes en faisant visite aux jeunes frères
Baillard. Mais revenons à notre sujet.

LÉOPOLD; abrégé de son histoire à partir de sa prêtrise.

Les trois années pendant lesquelles Léopold avait été professeur à Pont-à-Mousson étant écoulées, il se rendit au séminaire de Nancy pour se préparer définitivement à la prêtrise, et ce fut le 7 avril 1821 qu'il fut ordonné prêtre, à l'âge de vingt-quatre ans et six mois. Le papa Baillard fit célébrer sa première messe à Borville avec grandes cérémonies, et un grand nombre de prêtres y furent présents, tous joyeux comme le voulait la circonstance. Léopold, tenu pour homme capable et zélé par ses supérieurs, fut de suite nommé curé de la belle et importante paroisse de Flavigny-sur-Moselle. Là, en effet, il développa et prouva son talent par ses prédications, son zèle et ses manières attrayantes pour ses paroissiens qui le payèrent généreusement de retour par leur affection et leur attachement à sa personne. Une mission, qu'il provoqua et qui eut lieu dans sa paroisse en janvier 1822, fit un bien considérable et eut un grand retentissement.

Arrive la révolution de 1830. Léopold avait fait trop de bien à Flavigny et trop de bruit religieux, selon les libéraux irréligieux de cette époque; voilà ces derniers maîtres de la situation; il faut que ce Baillard déloge et il délogera. En effet, la clique impie demande son changement, et, l'évêché, faible alors sur ses bases *personnelles* et craintif, doit céder à l'autorité temporelle; Léopold doit être sacrifié, il doit être éloigné de Flavigny : en vain une soixantaine d'hommes notables de la paroisse vont se rendre à l'évêché pour demander le maintien de leur curé. Monseigneur de Forbin-Janson était en fuite. M. Antoine, grand-vicaire, reçoit bien la députation, mais il ne peut en exaucer la demande, vu la position critique où il se trouve. Léopold est donc sacrifié, il faut qu'il quitte Flavigny, et où va-t-il aller? En attendant qu'on puisse apprécier comment va se diriger la tempête révolutionnaire, il se rend chez son père à Borville et de là il dessert la paroisse de Saint-Remy-aux-Bois, qui n'est qu'à une demi-lieue dudit Borville. Le père et la mère Baillard, alors toujours vivants, quoique affligés de la disgrâce de leur fils, éprouvèrent cependant beaucoup de satisfaction de le voir autour d'eux et de jouir de sa compagnie.

Léopold, après avoir desservi Saint-Remy-aux-Bois pendant deux ans, fut nommé curé de la paroisse de Favières. Nous devons dire ici qu'il avait été présenté auparavant pour la cure de Dieulouard, qui est une cure du traitement de 1,200 francs, mais comme Léopold passait pour être légitimiste, il fut refusé par le gouvernement de Louis-Philippe.

Léopold fut curé de Favières jusqu'au moment où il se rendit à Sion-Saxon pour y fonder et y diriger avec ses deux frères l'établissement des frères dont nous parlerons plus loin. A Favières comme ailleurs, Léopold fit un bien immense, aidé de son frère François qui devint son vicaire. Ce fut pendant leur séjour à Favières que Léopold et François conçurent le projet, qu'ils mirent à exécution, d'élever une maison conventuelle à Mattaincourt (Vosges), comme monument en l'honneur du bienheureux Pierre Fourrier, sur les ruines de celle élevée autrefois par ce saint prêtre lui-même : nous en parlerons ailleurs plus en détail.

De Favières Léopold et François passèrent à Sion pour y procéder à l'établissement de frères d'école qu'ils y fondaient et le diriger. A Sion, il se passa bien des choses pour les trois frères, que nous expliquerons ailleurs; disons seulement ici qu'en dernier lieu la tempête épiscopale contre les trois frères fut tellement furieuse, en même temps que celle du civil par suite de celle-là, qu'ils furent contraints de se disperser. Ce fut alors comme une nouvelle dispersion des apôtres! Léopold passa en Angleterre, Quirin en Bourgogne et François resta à Saxon-Sion. Léopold partit en Angleterre en 1852, en revint en 1857, puis rentra à Saxon en 1858, où il réside toujours aujourd'hui.

FRANÇOIS, son histoire abrégée.

François, ayant terminé ses trois années de petit séminaire, en passa autant au grand séminaire de Nancy. Je me tais sur sa vertu et sa piété dans cette maison; il s'y fit grandement aimer de ses condisciples, et, chose qui le faisait rechercher, c'est que, doué d'une forte voix pour la déclamation comme orateur chrétien, il réunissait de temps en temps un certain nombre de séminaristes dans une salle du séminaire et déclamait devant eux quelques passages des sermons du père Bridaine ou autres anciens orateurs avec une telle véhémence et un tel à-propos, selon les pensées qu'il exprimait, qu'il se faisait applaudir de tous; aussi fut-il choisi plus tard pour prédicateur dans les missions du diocèse, ce que nous allons dire.

François fut ordonné prêtre en 1824 et immédiatement nommé curé de Lupcourt, où il exerça son ministère pendant un an. Après ce premier début, Monseigneur de Forbin-Janson, alors évêque de Nancy, ayant connu son talent pour la prédication, le retira de Lupcourt et le mit au nombre des missionnaires du diocèse. Trois années se passèrent pour François dans les exercices de la mission. Plus d'une fois pendant ce laps de temps il accompagna Monseigneur de Forbin-Janson dans ses tournées de confirmation, et entre autres dans celle qu'il fit à Borville et aux environs. A cette confirmation qu'il donna à Borville, Monseigneur de Forbin-Janson fit l'honneur à la famille Baillard d'aller prendre le déjeuner chez le père Baillard, qui vivait toujours ainsi que sa dame. Le père Baillard était alors maire de la commune de Borville. Ce jour fut un beau jour pour la maman Baillard qui avait ce jour-là revêtu sa robe de soie

couleur gorge-de-pigeon, comme Monseigneur lui en fit
agréablement compliment en lui disant : « Ab ! ah ! la maman
Baillard a mis sa robe de soie couleur gorge-de-pigeon. »
La journée fut bien agréable pour toute la famille qui était
alors en grand honneur dans le public. Ces temps furent
les beaux temps des trois frères avec ceux pendant lesquels
l'établissement de Sion subsista avec l'éclat que ses fondateurs avaient su lui donner.

La révolution de juillet 1830 ayant mis fin aux exercices de la mission, François devint curé de Méréville, et en
même temps vicaire de son frère à Flavigny, en sorte que,
conjointement, ils administraient Flavigny, Richarmenil,
annexe de ce dernier village, et la cure de Méréville. De
Méréville il passa au vicariat de Favières lorsque son frère
en eut été nommé curé. De ce dernier village il alla s'établir à Sion avec Léopold et en partagea le sort et les travaux
pendant tout le temps qu'exista la maison de Sion. Il fut
pendant plusieurs années uniquement employé à faire des
quêtes pour la fondation des deux établissements de Mattaincourt et de Sion-Vaudémont. Il parcourut non-seulement
une partie des départements de la France, mais la Belgique,
la Hollande et la Suisse. De temps en temps, dans ses
voyages, invité à prêcher, il étonnait son auditoire par son
éloquence. Ce fut ce qui eut lieu notamment à Amsterdam
et à Porentruy, où son discours valut une recette copieuse
aux sœurs quêteuses de Sion-Vaudémont, qui s'y trouvaient
en même temps que lui. Après la vente de la maison de
Sion, François descendit à Saxon, y tint ménage comme
simple citoyen, avec Marie Philippe, ancienne sœur Euphrasie, et Mlle Marie-Anne Sellier, personne très-pieuse et qui
était dévouée aux trois frères comme sœur Euphrasie, qui
avait fait partie de la maison des religieuses de Saxon, dont
nous parlerons plus tard. Ce fut à Saxon que François,
comme il a été dit, à la suite d'une maladie de sept à huit
jours, décéda le 4 juin 1863, à l'âge de soixante-cinq ans,
dans les plus grands sentiments de piété, dont fut témoin
celui qui écrit ces lignes. Il a été inhumé dans le cimetière

de Sion, où ses frères lui ont fait élever un petit monument funèbre.

QUIRIN, son histoire particulière, ses voyages.

Quirin, ayant terminé ses humanités, passa au séminaire de Nancy où il fit une année de philosophie et trois de théologie, sans désemparer, si ce n'est pour les vacances. Dans les rapports que tout séminariste est obligé d'avoir avec ses condisciples, il préféra toujours la compagnie de ceux qui faisaient preuve de piété.

Quirin fut fait prêtre le 28 juillet 1828, à l'âge de vingt-huit ans, par Monseigneur l'évêque de Châlons-sur-Marne, Monseigneur de Prilly, délégué par Monseigneur de Forbin-Janson, qui était empêché. Le papa Baillard voulut, comme pour Léopold, faire célébrer avec pompe la première messe de son troisième fils, prêtre, et ce fut à Borville, encore chez lui, qu'eut lieu la cérémonie, relevée par l'assistance d'un très-grand nombre de prêtres et de parents. M. Fontaine, ancien curé desservant de Borville, fut le prédicateur.

Quirin fut aussitôt nommé curé de la paroisse de Lachapelle, qui a pour annexe, sans église, le village de Thiaville, paroisse d'environ neuf cents âmes. Il y fit son entrée le jour de la Saint-Mansuy, et y exerça son ministère jusqu'en juin 1833.

La révolution de 1830 arrive pendant que Quirin est curé de Lachapelle. La gent opposée au clergé était alors très-nombreuse, beaucoup de curés furent chassés de leurs paroisses, mais Quirin n'éprouva aucune tracasserie, parce qu'il était un homme très-pacifique.

Arrivons à 1833. A cette date Léopold et François étaient devenus curé et vicaire de Favières. M. Lamotte, alors grand-vicaire et très-bien disposé pour les frères Baillard, jugea que la paroisse de Saulxures-les-Vannes, peu éloignée de celle de Favières, ferait plaisir au curé de Lachapelle, à cause du rapprochement où il serait de ses deux frères, et aussi à cause de l'importance de la paroisse, et il le nomma en conséquence curé de Saulxures-les-Vannes.

Rien de saillant ne se passa pendant les cinq années que Quirin fut curé de Saulxures, sinon qu'à l'occasion de la confirmation pour sa paroisse et celle des environs, Monseigneur Donnet, alors coadjuteur de Monseigneur de Forbin-Janson, aujourd'hui archevêque de Bordeaux et cardinal, lui fit l'honneur de coucher au presbytère et d'y dîner le lendemain en société d'un grand nombre de curés et des autorités de la paroisse.

QUIRIN à Sainte-Odile.

En septembre 1837, Quirin, pressé par ses deux frères, quitta Saulxures-les-Vannes pour aller se mettre à la tête d'une maison, dite le couvent ou domaine Sainte-Odile, en Alsace, que MM. Baillard venaient d'acheter, dans le dessein bien arrêté d'y établir un couvent de religieuses. Mais contrariés par le *Pape de Tréverne*, alors évêque très-âgé de Strasbourg, les trois frères s'en tinrent à placer quelques sœurs dans cette vaste maison pour la garder, y soigner le pèlerinage au tombeau de la sainte, et y faire cultiver les terres par des domestiques. Quirin habita ces hauts lieux depuis 1837 jusqu'en août 1845. En 1844, il quitta néanmoins par intervalles la montagne de Sainte-Odile pour aller recueillir des dons en faveur de l'établissement des frères de Sion-Vaudémont, qui était alors en grande voie de prospérité, pour le personnel des frères et pour les constructions qu'on y avait faites, mais aussi dans le besoin d'argent pour subvenir aux dépenses énormes qui avaient lieu journellement. Il quitta, dis-je, Sainte-Odile pour aller quêter.

QUIRIN en Allemagne et en Suisse.

Il visita à cet effet le grand-duché· de Bade, celui de
Hesse-Darmstadt, celui de Nassau, une partie de la Suisse,
et ce ne fut pas en vain, car il y trouva de précieux secours.
Dans ces voyages, il vit Bade-Bade, Manheim, Coblentz,
Mayence, Darmstad, Carlsruhe, Heidelberg, Stuttgart,
Wiesbade, Hambourg, Magdebourg, Menieen, Brunswick,
Potsdam, Cologne, Francfort, Hanau, Bâle en Suisse,
Schaffouse, Bade en Suisse, Constance avec son lac, Zurich,
Marie-Ensidlen, Saint-Galle, Lucerne, Soleure et bien
d'autres petites villes de ces différents États. De Cologne à
Berlin, comme il y avait déjà alors un chemin de fer, Quirin, par partie de plaisir et de curiosité, cette fois, poussa
jusqu'à Berlin, et profita de ce voyage pour visiter Leipsick
et le champ de bataille où périrent plus de cinquante mille
Français sous le commandement de Napoléon Ier, et il le vit
en effet. Le lieu où se donna cette trop célèbre bataille de
trois jours est un terrain d'une vaste étendue et presque
plat. On y voit des monuments en l'honneur des généraux
russes et autres qui furent tués dans cette bataille ; mais il
n'y en a pas, bien entendu, en l'honneur des Français ; seulement, j'ai vu une sorte de monument là, dit-on dans le pays,
où Napoléon donna ses derniers ordres. Ce sont des pierres
taillées, comme il y en a chez nous au-dessous d'une
grande croix pour servir de piédestal à la croix ; mais là il
n'y a que quelques pierres superposées l'une sur l'autre à
deux ou trois degrés. Le lieu où se trouve ce monument est
un peu plus élevé que les environs. On m'a dit à Leipsick
que Napoléon observait aussi la marche du combat du haut
d'une tour de Leipsick, et envoyait ses ordres de là, car les
Français étaient en possession de cette ville, qui se trouve
en deçà du lieu de la bataille. Les campagnes où se donna

ce combat sont très-fertiles ; je m'y trouvais lorsque les moissons allaient être mûres, et je voyais là des blés et des avoines d'une grande beauté et d'une paille très-élevée et bien fournie. Puisque je fais l'histoire de Quirin, il faut dire de lui qu'ayant étudié par lui-même l'allemand à Sainte-Odile, et ayant été très-souvent en rapport avec des Allemands sur cette montagne, il savait assez de cette langue pour voyager et expliquer le but de ses voyages à ces derniers.

QUIRIN en Angleterre.

Quirin, encouragé par ses succès en Allemagne et en Suisse, et mu surtout par les besoins toujours croissants des établissements de Sion et de Saxon, se dévoua, mais pas par plaisir, à continuer ses voyages de quête d'un autre côté. Il songea à l'Angleterre, à l'Irlande, et même plus tard à l'Amérique, car ses deux frères avaient déjà parcouru une grande partie de la France, et lui-même grand nombre de communes des arrondissements de Lunéville, Sarrebourg et Château-Salins. Il quitta donc Sainte-Odile en août 1845, et, après sa sortie, cette dernière maison fut dirigée par un prêtre alsacien, M. Frimont, qui tenait le pèlerinage et le spirituel des personnes de la maison, comme vicaire. J'ai oublié de dire que deux prêtres suisses, le père Bastien et le père ..., avaient tenus le pèlerinage allemand pendant deux étés, avec Quirin, et en étaient censés les vicaires.

Quirin se dispose donc à quitter la France ; il passe par Nancy pour y prendre un passeport à l'étranger et autres papiers nécessaires en pareille circonstance. Il visite Paris : après y avoir séjourné quelques jours, il se dirige sur Amiens, Saint-Omer, Lille, et s'embarque à Boulogne-sur-mer, met pied à terre à Folkstone, et de là arrive à Londres par chemin de fer. Le lendemain, il fait visite à l'évêque catholique de cette ville ; il en reçoit bon accueil et en même temps une recommandation pour se présenter chez les riches catholiques : cet évêque s'appelait Monseigneur Griffiths ; il est aujourd'hui mort. Ce fut le 25 août 1845 que Quirin arriva en Angleterre. Il se mit de suite à l'œuvre de la quête, mais elle fut difficile pour deux raisons principales : la première parce qu'il ne savait pas un mot d'anglais et qu'on parle très-peu le français à Londres ; la seconde parce que chez les riches, surtout chez les lords, on ne peut presque jamais entrer sans qu'on ne se soit fait annoncer d'avance et en donnant le motif de sa visite. Quirin prit d'abord un guide qu'il fallait payer ; mais comme sa bourse n'était guère bien fournie en entrant en Angleterre, il dut bientôt remercier ce guide ; il arriva même, peu de temps après, qu'il n'avait plus pour toute fortune, dans un pays étranger, que trois francs dans sa bourse. Il était alors dans la dernière extrémité, comme on peut le penser. Que faire? Il se décide à aller chez le consul français de Londres, dont il avait pu avoir l'adresse, pour lui demander assistance. Arrivé chez lui, le consul visite tous les témoignages dont Quirin était porteur, les trouve excellents. Quirin, en arrivant chez lui, lui avait montré sa bourse, lui disant que c'était là tout ce qu'il possédait, trois francs. Le consul lui donna une pièce de trois francs d'Angleterre (3 schellings, ou 3 fr. 75 cent. de France), puis lui dit : « Si vous voulez, je vais vous faire reconduire *gratis* en France, car, dit-il, il y a à Londres une société française qui se charge de faire reconduire en France ceux qui ne peuvent y retourner par eux-mêmes et qui le désirent. » Mais Quirin, malgré sa pauvreté, n'avait pas perdu courage ; il remercia le consul, disant qu'il allait encore tenter de se tirer de ce mauvais pas par lui-même. En effet, Quirin fit l'impossible pour découvrir les riches catholiques, qui sont peu nombreux à Londres, se fit donner des adresses, chose difficile dans cette grande ville. Enfin il arriva à voir venir dans sa bourse quelques livres sterling à force de piocher et de courir. Mais il n'eut que pour lui de ces livres sterlings, c'est-à-dire que pour son entretien, car il ne croit pas qu'il en ait envoyé de Londres à Sion pendant les quatre mois qu'il séjourna dans cette ville. Ce qui fut d'un grand secours pour Quirin, c'est que pendant presque tout le temps qu'il fut à Londres, on le pria d'aller dire la messe, d'abord dans un établissement d'éducation (le dimanche), à trois ou quatre lieues de Londres, et il recevait chaque fois une demi-livre sterling (12 fr. 50 cent.), on payait en outre son chemin de fer et il avait à dîner. Lorsque cette ressource lui manqua, un prêtre irlandais, qui avait deux messes à dire le dimanche dans une chapelle, le demanda pour dire la messe de dix heures du dimanche, et c'était encore une demi-livre sterling qu'il recevait, car à Londres, une messe, même basse, est ainsi rétribuée.

Quirin parvint donc à se maintenir à Londres, mais il vit bientôt que, pour pouvoir continuer sa mission dans les pays anglais, il fallait connaître la langue anglaise. Bref, dans quatre mois il savait déjà le strict nécessaire pour voyager et parler un peu de ses affaires. Et puisque nous en sommes sur ce chapitre, il faut dire que Quirin ayant continué, tout en voyageant en Irlande et en Amérique, à étudier l'anglais, il parvint dans trois années, à l'âge de quarante-cinq à quarante-sept ans, à le lire, le comprenant presque à l'égal du français, et à le parler couramment; nous ne disons pas cependant que l'accent de son parler fût comme celui de l'indigène. Voilà ce que peuvent le zèle et le travail joints à la capacité. A la fin de son grand voyage de trois ans, Quirin avait l'agrément précieux de pouvoir parler français, anglais et latin, selon que les circonstances se présentaient, car pour cette dernière langue, le latin, il l'avait tellement parlée avec les curés, que les mots pour s'exprimer lui arrivaient prestement, tant la pratique est un bon maître.

QUIRIN en Irlande.

Marchons maintenant vers l'Irlande. Quirin s'était rendu à Liverpool, port de mer, pour de là passer en Irlande; il quitta cette dernière ville sur le soir du premier jour de l'an 1846, emporté par un vaisseau à vapeur. La traversée fut terrible pour lui, car la mer était mauvaise et le vent était grand. Un bon vicaire de la ville l'accompagnant jusqu'au port et le voyant prêt à partir, lui dit : « Moi, à votre place, je ne partirais pas. » Quirin part néanmoins. La mer étant donc très-mauvaise, il fut affreusement tourmenté par le mal de mer pendant toute la nuit. Arrivé à Dublin le lendemain à huit heures du matin, il n'eut rien de plus pressé que d'aller se mettre au lit dans un hôtel de la ville, et il y fut bientôt guéri.

Quirin parcourut presque toute l'Irlande et ses villes principales : Dublin, Korck, Limerick, Tipperary, Tuam, Galway, Londonderry, Sligo, Belfast, Armahg, Athlone. Il fit visite à presque tous les évêques catholiques de cette contrée, en fut très-bien accueilli et en reçut des recommandations. Les Irlandais, quoique pauvres, sont très-bons et très-généreux. Ils aiment les Français et en attendent leur délivrance, c'est-à-dire un autre système de gouvernement que celui qu'ils ont, ce à quoi le grand Daniel O'Connell a tant travaillé pendant son existence. Et, soit dit en passant, je vis chez lui ce grand homme, qui me reçut très-bien, me donna une livre sterling, et, à ma demande, mit sa signature sur mon calepin. Mes recettes en Irlande furent passablement bonnes et bien plus faciles à faire qu'à Londres.

Cette île d'Irlande a un certain nombre de villes, mais presque pas, ou plutôt point de villages; la population y est disséminée partout dans les terres, une maison ici, une maison là. On ne chante presque jamais la messe, même le dimanche; ce sont toujours des messes basses, mais les curés y prêchent. Ces derniers, qui ont chacun un cheval, vont même dire la messe dans des maisons particulières lorsqu'ils y sont appelés ou que quelques devoirs les y appellent. Le sacristain porte tous les objets nécessaires pour dire la messe, qui se célèbre sur une table.

En Irlande il n'y a ni crapauds, ni taupes, ni serpents, ni couleuvre, ni aucun reptile malfaisant : les Irlandais disent que saint Patrice, leur patron et apôtre, les en a excommuniés. Il n'y a même pas de lièvres, et pour le dire en passant il n'y a pas non plus de lièvres aux États-Unis d'Amérique.

Quirin, étant en Irlande, ou ailleurs, correspondait avec ses frères, comme on le comprend. On lui fit savoir un jour que son frère François avait été se mettre à la tête de la maison de Sainte-Odile et la dirigeait, ce qui était très-bien. Mais peu après on lui écrivit que ce même frère avait loué, près de la montagne Sainte-Odile, le petit domaine de Nidermünster, qui consistait en quelques vieux bâtiments, quelques terres labourables et une certaine étendue de mauvais prés, pour la somme de deux mille francs par année, Quirin, qui connaissait la valeur de la chose, à cette nouvelle, entra dans une humeur voisine de la colère contre son frère en voyant le mauvais marché que venait de faire ce dernier, avec MM. Taufflieb de Barr, car, selon lui, tout cela ne valait pas seulement douze cents francs. Quirin écrivit donc à pied et à cheval à son frère pour lui dire de faire tout ce qu'il lui serait possible pour casser ce marché, lui disant qu'il n'enverrait plus d'argent tant que ce marché ne serait pas cassé. Il écrivit en même temps aux MM. Taufflieb pour leur dire que son frère avait loué leur bien sans en connaître la valeur et les engageait à consentir à résilier le marché. Mais des deux côtés on voulut le maintenir, ce qui perdit François à Sainte-Odile, car il y fit des dettes assez considérables, tandis que Quirin, à son départ, avait laissé cette maison dans un état de prospérité.

Ceci et d'autres entreprises trop hardies faites par les deux frères, selon Quirin, décida celui-ci, avant de quitter l'Irlande pour aller en Amérique, à se donner un *fondé de pouvoir* pour un peu maintenir les deux frères et ne pas les laisser si libres d'agir. Il examina donc qui pourrait le mieux le représenter, et il s'arrêta sur M. Mêlé, alors curé de Vandeléville, qui était d'ailleurs bon ami des trois frères, mais en même temps homme éclairé, ferme et très-judicieux. Quirin lui écrivit de l'Irlande pour lui en faire la proposition. M. Mêlé accepta, envoya un modèle de procuration qui fut copié, signé, enregistré à Belfast en Irlande et envoyé par Quirin avant que les deux frères eussent connaissance de rien, et ce fut M. Mêlé lui-même qui en fit part aux deux frères. Quirin ne sut pas comment les frères reçurent cette nouvelle.

Tout étant ainsi prêt pour le grand voyage d'Amérique en avril 1847, Quirin quitta l'Irlande par la ville de Belfast où il s'embarqua pour aller à Glasscow en Écosse; car, avant de partir définitivement pour le Nouveau-Monde, il voulut voir l'Écosse et y travailler encore à recueillir quelques dons. Il vit Édimbourg, Glascow et revint à Liverpool pour y préparer le départ.

QUIRIN aux États-Unis d'Amérique et au Canada.

Lorsque Quirin fut décidé à passer en Amérique, il en prévint ses frères qui applaudirent et qui décidèrent que ce voyage aurait pour but, non-seulement d'y chercher des secours pour Sion, mais encore d'y former des colonies de frères d'école qui relèveraient de la maison-mère de Sion-Vaudémont. A cet effet, on décida qu'il fallait faire partir avec Quirin deux frères les plus capables de remplir cette double mission, et ce fut frère Chrétien Thomassin, alors maître des novices, et frère Jean-Marie Weittmann qui furent désignés par le supérieur Léopold. Quirin s'étant enquis à Liverpool (port de mer où l'on s'embarque pour aller en Amérique) du jour du départ d'un bâtiment à vapeur pour New-York, en écrivit à Sion et donna le jour où les deux frères devaient arriver et à quelle adresse. Tout alla à merveille, on arriva à temps. Quirin avait deux mille francs en poche, il fit prix pour quinze cents francs pour les trois émigrants, y compris la nourriture pour le voyage, et on s'embarqua, même joyeux, sur le grand et beau bateau à vapeur appelé le *Britannia*, qui fit chemin de Liverpool à New-York dans dix jours ; ce fut le voyage le plus court de toute l'année, comme le dirent les journaux.

Je suis tenté de rapporter ici un petit fait qui arriva à Quirin dans une auberge de Liverpool quelques jours avant le départ pour l'Amérique. Des deux mille francs qu'il possédait, il y en avait une bonne partie en papier-monnaie et le reste en or et en argent. Étant allé boire de la bière dans une auberge et l'ayant payée, Quirin, je ne sais par quelle distraction, plaça sa bourse sur le banc où il était assis et à côté de lui ; puis quitta l'auberge, en y laissant sa bourse qui contenait cinq cents francs en or et quarante francs en argent. Il retourna de là dans la chambre de l'auberge où il couchait. Au bout de quelques instants, comme il payait tous les jours sa dépense, il descendit pour payer à l'hôtesse ce qu'il lui devait, mais oh ! surprise ! fouillant alors dans ses poches, il n'y trouve plus de bourse ! ce qu'il annonce avec frayeur à cette dernière dame qui était présente. Quirin fouille et refouille ses poches, retourne même dans sa chambre pour s'assurer, quoique sans y compter, si sa bourse ne s'y trouve pas, mais non, car il se rappelle à l'instant très-exactement qu'il l'a laissée là où il a bu de la bière. Il dit même à son hôtesse : Ma bourse est là, j'en suis sûr, je l'ai laissée sur le banc ; si on est brave, je vais retrouver ma bourse, mais si on ne l'est pas, je suis volé. Je m'en vais donc où je l'avais laissée ; il n'y avait là lorsque j'avais bu ma bière que la dame de la maison et une servante. En entrant tout tremblant, je m'annonce en disant : « Madame, j'ai laissé tout à l'heure ma bourse sur le banc où je me suis assis, n'est-ce pas? — Oui, monsieur, répond-elle, la voici telle que vous l'avez laissée. » Quelle joie pour Quirin à cette nouvelle! Il compte de suite devant ces deux personnes l'or et l'argent qu'il savait y être. Il y trouve le tout, donne à la servante trois francs, puis fait publier par un journal de la localité la belle action de ces personnes, qui n'étaient cependant pas catholiques, après avoir demandé si cela leur ferait plaisir. La réponse fut affirmative et Quirin en fut encore pour trois francs au bureau du journal, mais qu'était cela pour avoir récupéré cinq cent quarante francs qui pouvaient être perdus?

Nous voilà en pleine mer, en haute mer, sur le beau et grand bateau à vapeur anglais désigné précédemment. Nous n'étions qu'en seconde classe, nous pélerins de Dieu et pas riches. Les autres voyageurs en première classe payaient mille francs par personne, quand nous, nous ne payions que cinq cents francs. C'est égal, nous n'étions pas si mal, nous trois dans une petite chambre avec chacun notre lit suspendu aux murs en bois du vaisseau et une table pour écrire et manger. Non, nous n'étions pas si mal et un bon domestique chargé de nous servir nous servit en effet, le premier jour de la route, abondance de bons mets, poulets, dindons, desserts de toutes sortes que nous croquâmes de bon appétit. Mais une fois en haute et pleine mer, sur le soir de la première journée, les grimaces arrivèrent, l'appétit se perdit, le cœur se souleva, il fallut se mettre au lit, le mal de mer se fit sentir et les trois pélerins se virent en proie à des vomissements pénibles et longtemps répétés; on ne mangea plus que sur la fin de la traversée, car on ne fut guéri que deux ou trois jours avant l'arrivée à New-York. Quand je dis New-York, je me trompe; car nous débarquâmes dans le port de la ville de Boston, où nous déjeunâmes, et delà le chemin de fer nous conduisit jusqu'à New-York. Arrivés dans cette ville nous nous installâmes dans une auberge dont le chef était suisse et parlait français et anglais, puis nous nous rendîmes chez l'évêque de New-York, Monseigneur Hughes, de qui nous fûmes bien reçus et qui nous donna des recommandations pour quêter. On se mit aussitôt à l'œuvre, Quirin d'un côté avec un guide et les deux frères de l'autre, mais avec une grande différence de succès, car le premier recueillait chaque jour plus du double que les seconds. Un bon nombre de riches Irlandais de la ville lui donnaient jusqu'à cinquante francs à la fois; de sorte que dans la première quinzaine deux mille francs furent envoyés à Sion. Je passe mille choses que j'aurais à raconter, si je faisais une histoire détaillée du voyage de Quirin, mais il faut me borner pour ne pas trop enfler mon récit.

L'œuvre de la quête étant terminée à New-York, Quirin pensa à se diriger vers d'autres villes, à Albany d'abord, où il laissa le frère Jean-Marie comme instituteur, puis à Buffalo, où le frère Chrétien resta aussi comme tel, et auquel on adjoignit bientôt deux autres frères qu'on fit venir de Sion. Ceci fait, Quirin continua ses courses d'un autre côté et chercha en même temps un lieu, quelque chose qui pût devenir une colonie-mère de frères en Amérique, c'est-à-dire dans les États-Unis d'Amérique. Ce quelque chose se présenta bientôt. Dans ses recherches, on lui indiqua deux personnages riches et catholiques habitant la ville de Baltimore, comme pouvant bien être les auteurs de la chose désirée : c'étaient MM. Benzinger et Eschbach, Allemands d'origine, qui possédaient d'immenses forêts dans l'État de Pensylvanie, diocèse de Pittsburg. Quirin donc se présente à eux, en est très-bien reçu, leur fait part du double but de son voyage en Amérique, ose leur demander s'ils ne seraient pas assez bons pour lui donner, en faveur de la congrégation des frères de Sion-Vaudémont, une certaine étendue de leurs forêts pour en faire défricher une partie et y bâtir une maison. La demande de Quirin fut accueillie très-favorablement par ces messieurs, et on ajouta qu'on voulait être généreux puisque c'était pour former un établissement religieux. Comme les propriétés à donner et où l'on voulait commencer ledit établissement étaient situées dans le diocèse de Pittsburg, Quirin dit à ces messieurs qu'il devait avant tout s'adresser à l'évêque de cette dernière ville pour en recevoir ses pouvoirs spirituels et l'autorisation de s'établir. Ce qu'ayant entendu, ces bons messieurs répondirent : — Eh bien! nous allons aller tous ensemble chez l'évêque, et il ne pourra nous refuser ce que nous allons lui demander, nous en sommes sûrs. En effet, on se rendit auprès de Monseigneur O'Connor, évêque de Pittsburg, et il accorda de suite ce qui était demandé et par écrit. Nous voilà donc en ordre du côté du spirituel.

De Pittsbourg nous nous rendîmes de suite sur le terrain à donner, encore fort éloigné et situé près d'un village appelé Sainte-Marie. Nous arrivons en face de vastes forêts vierges où la hâche du bûcheron n'avait jamais passé. Ces messieurs dirent à Quirin : — Choisissez l'endroit qui vous conviendra, nous vous donnerons deux mille acres [1] de terrain. On court, on va, on vient, Quirin examine la terre, les hauts arbres, les inclinaisons du terrain, les fontaines, les sources, les ruisseaux, et s'arrête enfin à désigner le lieu qui lui paraît le plus favorable pour bâtir auprès d'une source, pour établir un moulin plus tard, et là où il y avait des arbres à sucre, qui sont en grand nombre dans ces parages. L'immense étendue de terrain donné formait un carré allongé d'environ une demi-lieue de marche en long dans un sens, et d'un quart de lieue en large dans l'autre. Ce don fut fait à Quirin par MM. Benzinger et Eschbach. Et quelles belles forêts! Quels beaux vieux et jeunes arbres! Et comme jamais on n'a abattu aucun de ces arbres dans ces forêts, les trop vieux meurent comme les hommes, naturellement et de vieillesse. On en voit de très-gros entièrement secs.

Le terrain étant donné, Quirin fixa le lieu où l'on devait commencer à bâtir une maison en bois, comme cela se pratique dans ces régions curieuses, puisque le bois est très-commun et ne se vend pas.

Les frères Chrétien Thomassin et Jean-Marie Weittmann,

---

1. L'acre vaut un jour de terre de Lorraine, ou 20 ares 44 centiares. Cela faisait donc plus de deux mille jours de Lorraine.

rappelés des lieux où ils avaient été placés, se mirent en effet à abattre les arbres pour construire la maison et à défricher autant de terrain qu'ils le purent pour former un jardin et des terres propres à recevoir des semences alimentaires plus tard et une prairie. Ils parvinrent en effet à élever une maison de moyenne grandeur. Quirin ne put partager leurs travaux parce qu'il était occupé à l'œuvre de la quête, et quand lui arriva la triste nouvelle que l'évêque de Nancy avait attiré à Vézelise les frères de Sion-Vaudémont, il songea à s'en retourner en France, et il ne vit même pas la maison nouvellement bâtie.

C'est ici le lieu de dire comment fut arrêté le retour de Quirin en France. Nous expliquerons plus tard la triste histoire de l'enlèvement des frères de Sion pour être transportés à Vézelize. M. G....., alors grand-vicaire à Nancy, parce que MM. Baillard ne tenaient plus l'établissement des frères à Sion (on le leur avait enlevé contre toute justice), écrivit aux évêques d'Amérique, du moins à celui de New-York, ce dont il fut blâmé plus tard par M. D....., autre grand-vicaire de l'époque, il écrivit, dis-je, de ne plus permettre à Quirin de quêter, ce dont le prévint l'évêque de Pittsbourg, et la quête cessa. Que fit alors Quirin? L'évêque lui dit : « Venez, restez chez moi et écrivez à l'évêque de Nancy pour savoir ce que vous avez à faire, et on nous répondra. » Quirin écrivit, en effet, attendit un mois, deux mois, six mois, et ne reçut aucune nouvelle de Nancy. Cependant, à son retour dans cette dernière ville, M. G..... lui dit qu'on lui avait écrit et qu'il était étonné qu'il n'ait pas reçu cette lettre, dans laquelle on lui disait qu'il pouvait rester en Amérique sous la direction de l'évêque de Pittsbourg avec ses frères. Mais, fatigué d'attendre, Quirin dit à ce dernier évêque : « Puisqu'on ne me répond pas, je vais m'en retourner en France. — Vous ferez comme vous voudrez », dit Monseigneur O'Connor, et Quirin quitta l'Amérique.

J'ai oublié de dire que la donation faite par MM. Benzinger et Eschbach fut arrêtée, par un acte authentique devant un notaire de Philadelphie, entre ces derniers et Quirin Baillard. Mais, tout ayant été renversé en France, la nouvelle colonie fut aussi renversée et abandonnée ; elle retourna à ses anciens propriétaires. Qu'est-elle devenue aujourd'hui ? Quirin ne le sait pas.

Quirin rentra en France au mois de juillet 1848, et il l'avait quittée le 25 du mois d'août 1845 : ce qui faisait trois années d'émigration. Pendant son séjour aux États-Unis il visita New-York, Boston, Philadelphie, Baltimore, Albany, Utica, Syracuse, Rome, Buffalo, Pittsbourg et autres villes. Avant de se mettre en route pour son retour il voulut faire une excursion, partie de plaisir et de curiosité, dans le Canada; le Canada, colonie qui appartint autrefois à la France et qui est aujourd'hui à l'Angleterre. Il est habité par une population à peu près moitié française et moitié anglaise. Le français qu'on y parle n'est pas aussi correct que celui de France. Les jésuites du Canada sont propriétaires d'une île assez importante, les terres et plusieurs villages, ou mieux tous les villages de cet île leur appartiennent et les habitants sont leurs tributaires d'une manière ou de l'autre. C'est la dîme qui y règne toujours. Dans ce voyage je vis la fameuse cascade de Niagara qui a, dit-on, 150 pieds du haut en bas; je visitai les villes de Montréal, Québec, Torento, je fus dire bonjour à plusieurs évêques, plusieurs curés, aux Sulpiciens pour juger un peu des différences entre le canadien et le français. Ces premiers m'ont paru avoir les mœurs plus simples et moins recherchées.

Au Canada le régime de la liberté la plus complète règne comme aux États-Unis, et pour le noter en passant, pendant tout le temps que Quirin fut en Amérique on ne lui demanda qu'une seule fois son passeport; c'était dans une auberge et rien qu'à cause de cette curiosité de la part de l'hôtelier Quirin alla loger ailleurs.

Mœurs et usages des Américains.

Disons un mot en passant des États-Unis, des mœurs
et des usages de ce pays. Les Américains sont riches, du
moins ils l'étaient au moment où je me trouvais dans leur
contrée, en 1847 et 1848. Aujourd'hui ils ne le sont peut-
être plus autant, car une guerre qui dure depuis deux ans
les a sans doute appauvris. Je dis que les Américains sont
riches, fiers, orgueilleux, pas du tout complaisants. Ils ne
portent pas d'habits déchirés et rarement de raccommodés.
On ne rencontre pas de pauvres qui vous demandent l'au-
mône dans les rues des villes ni ailleurs. Le pays est peu-
plé d'Anglais, d'Irlandais, d'Allemands, d'Italiens et de
Français. Je parle des États de New-York, de Pensylvanie,
de Virginie et autres états environnants que j'ai visités. Les
Français y sont en petit nombre, parce que le Français n'é-
migre guère et la raison en est, selon moi, qu'en Amérique ils ne trouvent pas les plaisirs ni les amusements ni
peut être les boissons, le vin surtout, comme ils trouvent
tout cela en France, ou, parce que, en France, ou n'est pas
si pauvre que dans d'autres contrées. Les filles et les
femmes d'Amérique ne travaillent que dans leurs ménages
et pas à la campagne, excepté celles des familles pauvres
arrivées récemment d'Europe, et ce peu de travail des filles
fait qu'elles sont généralement plus belles que celles de
France, car il est reconnu que le travail et surtout le travail trop fatigant défigure.

Aux États-Unis il y a une loi qui condamne le garçon
qui aurait déshonoré une fille à l'épouser ou à lui faire une
dot; aussi on ne voit jamais un garçon plaisanter une fille
en public comme cela se fait trop en France, et le garçon
sait se tenir sur ses gardes, de crainte d'être accusé devant

deux témoins d'avoir voulu séduire la fille, car cette dernière est crue très-facilement.

Il est d'usage en Amérique dans les hôtels et les auberges que tout le monde mange à table d'hôte et à l'heure fixée. Si vous ne vous trouvez pas à l'heure donnée, tant pis pour vous, vous dit-on; vous n'avez plus que les restes et même froids, parce qu'on n'entend pas les tenir chauds ni les réchauffer. Les Américains mangent goulument, précipitamment, comme en courant, et dans un quart d'heure, vingt minutes, rarement une demi-heure, la table où se trouvaient vingt, trente, quarante convives se trouve déserte et ceux qui ont fini les premiers sortent les premiers, les uns après les autres, peu importe; on croirait que c'est un honneur de se hâter de manger et de sortir le premier. La conversation est à peu près nulle. Tout cela contrarie beaucoup le Français. L'Américain se sert deux ou trois mets à la fois sur la même assiette. Presque toujours on est à la pension par semaine dans les auberges. On vous fixe ce que vous payerez par semaine et souvent d'avance, si vous n'êtes pas connu. Vous ne trouvez pas à vous faire servir à part soit du pain et du vin, soit autre chose, il faut attendre l'heure des repas.

Dans ce pays de grande liberté, de liberté modèle et complète, du moins lorsque je m'y trouvais, on ne voyait pas de soldats, même dans la grande ville de New-York qui comptait alors plus de 500,000 habitants. L'Américain est hardi, téméraire dans ses entreprises, aussi perd-il quelquefois sa fortune trois et quatre fois dans sa vie et la refait-il autant de fois.

La terre d'Amérique, dans les régions que j'ai vues et parcourues, était encore couverte d'immenses et vastes forêts, au point qu'on y brûlait le plus promptement possible ces grands, hauts et beaux arbres avec leurs satellites sans en tirer aucun profit sinon que de faire des lieux qu'ils occupaient un terrain propre à la culture ou à des prairies et des pâturages. Un certain nombre de ces arbres sont des arbres à sucre, c'est-à-dire qu'au printemps, lorsque la sève est en mouvement, les Américains vont faire un certain nombre de trous à ces arbres avec des tarières. Ces trous faits, ils y insèrent de petites auges par lesquelles découle dans un vase placé au pied de l'arbre une liqueur visqueuse semblable à du miel clair, et cette liqueur travaillée ensuite et cuite forme un excellent et bien propre sucre. J'ai rapporté ce fait, parce que, en France, on ignore généralement cette manière de faire du sucre.

J'ai raconté le voyage de Quirin en Amérique. Son retour eut lieu en juillet 1848. Il s'embarqua sur un navire à voiles à New-York et arriva au Havre-de-Grâce, après seize jours de traversée, peu de temps après les affaires si graves de juin 1848, dans lesquelles fut tué l'archevêque de Paris sur une barricade et beaucoup de généraux, par les révolutionnaires. A son retour Quirin fut accompagné par le frère Chrétien Thomassin à qui on avait écrit de l'évêché de Nancy de revenir parce qu'on avait besoin de lui pour diriger le noviciat des frères transportés à Vézelise, car il était le frère le plus capable pour tenir cette place. Frère Jean-Marie Weittmann, dont j'ai parlé et qui partit de l'Europe avec Quirin, resta en Amérique, y tint école et même y forma avec courage un petit noviciat qui existait encore au moment de la guerre de 1862 et 1863, mais il vint à mourir d'épuisement et de fatigues. On voulut le remplacer, mais cette guerre désastreuse jointe à cette mort fut cause de la cessation de la colonie religieuse qui ne pouvait plus vivre. Ainsi finit cette affaire des frères envoyés aux États-Unis par MM. Baillard. Je dois cependant dire ici que plusieurs de ces frères envoyés en Amérique par ces messieurs n'ayant pas poursuivi leur vocation de frères, s'y établirent instituteurs, c'est-à-dire que de frères instituteurs, ils se firent instituteurs laïques.

Du Havre-de-Grâce, où il débarqua, Quirin arriva à Paris et bientôt à Nancy, où, à son arrivée dans cette ville, il alla rendre ses devoirs à Monseigneur Menjaud qui le reçut avec bienveillance, lui fit beaucoup de questions sur son grand voyage et lui témoigna son étonnement de ce qu'il n'avait

pas reçu en Amérique la lettre par laquelle on lui disait
qu'il pouvait rester dans le Nouveau-Monde à la tête des
frères qu'on voulait y établir. Après cet entretien l'évêque
lui dit : Qu'allez-vous faire maintenant? Quirin lui répondit : Nous allons d'abord nous liquider et ensuite on verra.
L'évêque ajouta : Sans doute que s'il reste quelque chose
après votre liquidation cela retournera aux frères de Vézelise? Quirin ne répondit rien.

<h3 style="text-align:center">Portrait physique, moral et intellectuel
des trois frères.</h3>

Léopold était d'une moyenne stature, bien proportionné,
d'un caractère doux, insinuant, vif, sachant toujours faire
valoir sa cause et attirer l'attention de la société où il se
trouvait; il avait toujours à dire, mais avec à propos, et do-
minait presque toujours dans la conversation, son élocution
étant belle et agréable.

François était d'une taille gigantesque, il avait cinq pieds
onze pouces, bien droit. Il était d'un caractère un peu
timide, abondant dans la conversation, où sa grande imagination l'aidait admirablement. Des boutades, des sorties
vives s'emparaient quelquefois de lui, mais il se rendait
facilement à l'avis des autres et la grande bonté de son
cœur reparaissait à l'instant. Son élocution n'était pas aussi
châtiée que celle de Léopold et sur ce point il ne pouvait
plaire autant.

Quirin parlant de lui-même dira seulement que sa taille
dépassait la moyenne, qu'il était bien dressé et proportionné,
d'un physique fort et agréable, qu'il n'était pas abondant
dans la conversation, mais qu'il la savait juger, qu'il n'était
pas habile pour la réplique subite, mais qu'il était fort après
la réflexion et par écrit, pouvant beaucoup mieux se défendre
par ce dernier moyen que par la parole. D'autres diront le
reste.

Quant au moral et au point religieux des trois frères, ils étaient à peu près sur la même ligne, avec quelques exceptions cependant pour Quirin. Léopold et François étaient d'une foi à transporter les montagnes, si cela était possible, d'une foi que j'appellerai même exagérée dans certaines circonstances, tandis que celle de Quirin semblait toujours s'appuyer sur des preuves raisonnées. Voici à cette occasion deux traits que j'ai cru devoir rapporter pour qu'on puisse juger des trois frères sur la question présente. Un jour Quirin faisant des objections à François et à Léopold sur leurs entreprises trop hardies et disproportionnées aux revenus temporels, François apostropha à haute voix Quirin en lui disant : « Homme de peu de foi, que craignez-vous ? *Si Deus pro nobis quis contra nos ?* » Les faits de plus tard prouvèrent cependant que Quirin avait eu raison dans ses craintes.

Le second trait qui prouve encore mieux la foi de Léopold surtout et celle de François, est celui-ci : d'autres que moi appelleront peut-être ce que je vais dire une folie dans Léopold, mais moi, le connaissant, je sais que c'était sa grande foi et sa confiance en Marie qui le faisaient agir. Se trouvant donc un jour dans un très-grand besoin d'argent pour le soutien de l'établissement des frères de Sion, il lui vint en pensée de déposer au pied de la statue de Notre-Dame de Sion, qui se trouve suspendue derrière le chœur, ou mieux derrière l'autel de l'église, d'y faire déposer, dis-je, une bourse vide. Il en prévint sa communauté ainsi que celle des sœurs de Saxon en leur disant : « Prions tous, mes amis, Notre bonne Dame de Sion. Il n'est pas impossible qu'elle nous obtienne un miracle et qu'elle ne vienne à notre secours par le moyen que nous avons imaginé. » On pria en effet beaucoup et avec ferveur ; cependant malgré ces ferventes prières la bourse ne se trouva pas remplie. Voilà ce que j'ai cru devoir rapporter, quoi qu'en puissent dire certains mauvais railleurs.

Maintenant reprenons l'histoire générale des trois frères. Léopold, pendant son séjour à Flavigny-sur-Moselle comme

curé, parvint, à force de démarches, de voyager à Saint-
Dié, à obtenir que les religieuses bénédictines de cette dernière ville vinssent s'établir dans l'ancien couvent des
Bénédictines de Flavigny qui était inhabité depuis la révolution de 1789. Ce fut par là que Léopold débuta en affaires
de maisons religieuses et montra son goût pour ces sortes
d'établissements. Les Bénédictines de Saint-Dié avaient
d'abord craint de venir se fixer à Flavigny, pensant que
leur pensionnat n'y serait pas fréquenté. Il en fut tout
autrement ; dès les premiers temps de leur arrivée, le pensionnat, toute la maison en général prospéra, et aujourd'hui
l'établissement des religieuses de Flavigny est en grande
prospérité, au point que ces dames ont maintenant une
annexe de leur maison à Oriocourt, près Delme.

Mattaincourt.

Léopold et François étant devenus l'un curé et l'autre
vicaire de Favières, sachant qu'autrefois il avait existé un
couvent de religieuses de la Congrégation à Mattaincourt,
près Mirecourt (Vosges), couvent fondé par un saint prêtre
de cette paroisse, le bienheureux Pierre Fourrier, qui est
en très-grande vénération dans le pays, prirent la résolution
de travailler, tout en restant curé et vicaire, à relever ce
couvent, berceau de tant de maisons religieuses existantes
encore aujourd'hui en France et en pays étrangers. Ils se
mirent donc à l'œuvre, achetèrent cette ancienne maison
qui tombait en ruines, le 11 novembre 1833, la renversèrent
de fond en comble et commencèrent à la réédifier sur un
plan plus vaste. Comme ils n'étaient pas assez riches pour
subvenir par eux-mêmes à cette reconstruction, ils se résolurent à faire des quêtes par eux-mêmes et par d'autres
pour recueillir les fonds nécessaires à leur entreprise. Ils
se firent aider dans cette œuvre par de bonnes filles qu'ils

préparaient à Favières pour former le personnel de la nouvelle maison religieuse. La maison fut élevée et terminée.
Il fallut ensuite pourvoir au personnel. Il y avait bien déjà à
Favières un petit nombre de filles pieuses que MM. Baillard instruisaient et formaient dans la prévision du but
qu'ils se proposaient. Mais comme en pareil cas il est mieux
de prendre des personnes déjà formées et dressées pour
tenir la direction d'une nouvelle maison, MM. Baillard, après
s'être informé d'un lieu où ils pourraient trouver quelques
religieuses de l'ordre de la Congrégation de Notre-Dame,
pour accomplir leurs vœux, arrivèrent à découvrir qu'il y
avait à Nesles, en Picardie, une maison religieuse de cet
ordre qui se maintenait à peine et qui probablement pourrait passer de Nesles à Mattaincourt. Léopold part, va les
trouver, fait la proposition et elle est acceptée. On organise
pour peu de temps après le départ, l'arrivée des religieuses et leur entrée dans la nouvelle maison. L'installation
se fit avec grande solennité. L'évêque de Saint-Dié, Monseigneur Jerphaniou, présida la cérémonie, à laquelle assis-
tèrent un grand nombre d'ecclésiastiques et de fidèles.

La maison de Mattaincourt étant fondée quant au matériel et au personnel, MM. Baillard en firent don par contrat
à la communauté des religieuses, auquel don ils ajoutèrent
un beau mobilier, puis 25 à 30 ares de vignes, et enfin un
grand jardin, placé à une petite distance de la maison pour
servir de promenade, et ce fut dans ce jardin que plus tard
les religieuses bâtirent une vaste maison, trouvant que la
première n'était pas assez spacieuse, ni assez près d'un
grand jardin. L'établissement de ces dames a prospéré et
prospère toujours.

L'église de Mattaincourt, possédant les reliques authen-
tiques du bienheureux Pierre Fourrier, béatifié, était déjà
un lieu de grande dévotion pour le public avant le projet
de MM. Baillard ; mais depuis qu'ils eurent relevé ce couvent en l'honneur de ce saint prêtre, le pèlerinage à son
tombeau a centuplé en importance, et pendant l'octave de
la fête, qui est le 7 juillet, il y arrive une foule immense de

pèlerins, ce qui a donné lieu à la fondation, par les soins du zélé curé de Mattaincourt, M. Hadol, d'une neuve et magnifique église.

Sion.

La fondation de la maison de Mattaincourt terminée, MM. Baillard songèrent à d'autres entreprises, car il fallait des aliments à l'extrême activité de leur zèle. Ils dirigèrent alors leurs vues sur les ruines d'un ancien couvent de Tiercelins, placé sur la belle et haute montagne de Sion, où les fidèles se rendent en foule des différentes parties de la Lorraine pour y prier la sainte Vierge aux pieds d'une image miraculeuse appelée Notre-Dame de Sion, élevée et placée dans le chœur de l'église du couvent. Que vont-ils faire de ces ruines? Ils les achètent avec le projet d'y établir une maison d'éducation pour la jeunesse, c'est-à-dire une maison où l'on formera des frères d'école et où l'on tiendra un pensionnat d'école moyenne pour les jeunes garçons de maisons aisées. Ils achètent, dis-je, en 1836, ces vieux bâtiments des mains de quelques particuliers qui les possèdent et les occupent, ainsi que le jardin qui y est adjacent, la pelouse qui les entoure et différentes parties de terre répandues sur le plateau de la montagne.

L'acquisition de la montagne étant faite, il fallut démolir une forte partie des anciens bâtiments pour en élever de nouveaux qui fussent propres à remplir le but qu'on s'était proposé. On construisit donc un grand, vaste et haut bâtiment sur l'emplacement de l'ancien. M. Nicolas, alors curé de Chaouilet, aujourd'hui décédé, présida aux travaux comme architecte. Léopold et François, toujours curé et vicaire de Favières, allaient souvent sur la montagne pour se rendre compte de la manière dont les constructions marchaient. Lorsque les bâtiments furent assez achevés, les

deux frères quittèrent Favières en 1838 et se rendirent sur
la sainte montagne pour aviser à l'ouverture du personnel
de l'établissement projeté. On lança des prospectus, et le
noviciat des frères et le pensionnat des jeunes gens furent
ouverts ; et bientôt on obtint un succès qui dépassa les
espérances. Quirin était passé à Sainte-Odile, comme je l'ai
dit plus haut.

L'établissement de Sion étant en pleine activité, tout y
allait au mieux ; le noviciat des frères était nombreux et le
pensionnat de même. La montagne était devenue très-inté-
ressante : beaux bâtiments, beau et bon jardin produisant
beaucoup par suite des soins qu'on lui donnait ; belles et
édifiantes cérémonies, prédications intéressantes, piété
parmi les frères, vertus religieuses croissant dans la maison, chants agréables, musique, concerts, tout réjouissait
sur la sainte montagne, et le public partageait avec les habitants de la maison ces divers et précieux agréments, car le
pèlerinage à Notre-Dame de Sion s'était singulièrement aug-
menté par suite des changements opérés sur la montagne.

En outre du noviciat des frères pour les écoles et le pensionnat pour les jeunes gens, MM. Baillard avaient formé
des frères travailleurs pour la culture, les arts et les métiers,
qui ne s'occupaient que de la prière et du travail des mains.
De ceux-ci donc les uns étaient pour la culture de la terre,
d'autres étaient maréchaux-ferrants, cordonniers, tailleurs
d'habits, tailleurs de pierres, maçons, faiseurs de bas au
métier, cuisiniers, libraires ambulants pour livres de
piété, etc., car je ne l'ai pas encore dit, les frères Baillard
avaient en même temps acheté une ferme considérable à
Saxon, qui ne forme qu'une commune avec Sion. Cette
ferme était exploitée par des frères intelligents en agriculture, qui y nourrissaient et dirigeaient de quinze à vingt
chevaux, une dizaine de vaches, un troupeau de moutons,
et s'y occupaient de tout ce qui entre dans la tenue d'une
ferme modèle, car ces messieurs avaient étudié et fait étudier l'agriculture à plusieurs de leurs frères travailleurs,
notamment à l'un d'eux appelé frère Isidore. Puisque je

suis à parler de la ferme de Saxon, c'est le lieu de dire que
MM. Baillard firent bâtir dans ce village une vaste maison
de ferme pour servir à en faire l'exploitation, et à côté de
celle-ci une autre maison destinée à loger des religieuses.

Un mot sur la maison des sœurs de Saxon-Sion.

Nous avons dit que MM. Baillard, lorsqu'ils étaient
encore à Favières, formaient déjà un petit noviciat de filles
destiné à peupler la maison projetée de Mattaincourt, qu'ils
firent venir de Nesles quelques religieuses déjà anciennes
pour prendre la direction de cette maison, qui devait être
donnée aux religieuses, à la condition que les pieuses filles
du noviciat de Favières seraient admises à faire partie de la
communauté. En effet, à l'ouverture de la maison on reçut
un certain nombre de ces novices; mais comme ces dernières n'étaient pas riches, car MM. Baillard n'avaient pas
regardé à leurs richesses pour les recevoir, et que quelques-
unes d'elles n'avaient pas l'éducation de grandes maisons,
la supérieure, venue de Nesle, femme dure d'ailleurs, ne
les traita pas en sœurs, et presque toutes quittèrent la
maison après y être restées quelques mois, ne pouvant sup-
porter le traitement qu'elles éprouvaient. Les frères Baillard
crurent qu'on les avait traitées de la sorte pour les dégoûter
de la vie religieuse de Mattaincourt, et résolurent de recueillir dans une seconde maison qu'ils firent bâtir toutes celles
qui les avaient aidés dans leurs premières entreprises, et y
former une nouvelle communauté religieuse. On établit la
maison sous le patronage du bienheureux Pierre Fourrier,
et on donna aux religieuses la règle qu'il avait faite lui-
même pour les religieuses de la congrégation de Notre-
Dame que suivent les religieuses de Mattaincourt et celles
de beaucoup d'autres maisons. On fit une chapelle dans
l'intérieur de la maison où l'on disait la messe tous les

jours. Ce petit monastère dura ainsi quelques années ; mais lorsque survinrent aux frères Baillard les circonstances désastreuses dont nous parlerons ci-après, cette maison fut contrainte par la force des choses de se dissoudre, et vit ses membres dispersés entrant dans d'autres maisons religieuses, les unes ici, les autres là.

Difficultés des trois frères avec leur Évêque.

Tant de choses mises en mouvement par MM. Baillard : bâtiments achetés et construits, maisons religieuses fondées, terres acquises, tout cela leur occasionna des dépenses énormes. Ils admettaient en outre dans leurs établissements un très-grand nombre de postulants, frères et sœurs, *gratis.* Que durent-ils faire alors ? ce qu'ils avaient déjà fait pour Mattaincourt, qui, soit dit en passant, était payé. Ils se mirent à quêter, eux, puis quelques frères et quelques sœurs de leurs établissements. Léopold visita Paris et autres villes, même d'Autriche. François en fit de même, il alla en Belgique, en Hollande, en Suisse et dans une partie de la France. Nous avons raconté les voyages de Quirin faits dans le même but. Tous donc firent des prodiges de dévouement et d'abnégation pour mener à bonne fin les œuvres qu'ils avaient uniquement entreprises dans l'intérêt de la religion et de la société. On recueillit de grosses sommes et on en paya de grosses. Les établissements des trois frères, en 1846, se trouvaient dans un bon état de prospérité, du moins quant au spirituel et au personnel des frères de Sion. Il y avait vingt-deux établissements de frères placés pour tenir les écoles dans différentes parties de la France et de la Belgique, et une maison commencée en Amérique. Le noviciat à Sion était nombreux, tout enfin promettait conti- nuation de succès sous la direction des trois frères Baillard, quand tout à coup Monseigneur M....., alors évêque de Nancy, jaloux probablement de voir qu'on pouvait marcher sans lui, résolut de s'emparer de la supériorité et de toute la direction de la maison de Sion. Léopold, l'un des trois fondateurs et le principal, avait eu jusque-là le titre de supérieur général. Que fit donc Monseigneur M.....? Il proposa aux trois frères de lui céder « *purement et simplement leur établissement* tant au temporel qu'au spirituel, » sans leur dire mot de ce qu'ils allaient devenir dans leur établissement ou ailleurs, non ! pas un mot d'espérance, pas un mot de père, lui, leur évêque, et eux qui avaient couru le monde avec grandes fatigues, peines et privations de tout genre pour payer leurs établissements, eux qui étaient en possession comme propriétaires de plus de 200,000 francs ! ! Oui, voilà la honteuse proposition qu'osa faire aux trois frères Baillard Monseigneur M....., évêque de Nancy, à eux qui avaient certainement bien droit à des égards et à quelques promesses de dédommagement s'ils cédaient tout, ils avaient bien droit de savoir quelque chose de leur avenir avant de tout céder, personne ne le contestera, et cependant on ne voulut leur rien dire à cet égard. Telle fut la dureté, l'aveuglement d'un évêque qui prétend sans doute que des prêtres zélés ne pouvaient rien faire sans lui, et cependant tout ce qui était fait, et il y avait beaucoup de fait, l'avait été sans lui. La raison en est que le despotisme, triste acolyte de trop d'évêques, veut dominer partout, tout doit plier sous ce joug de plomb. Monseigneur M..... alla un jour jusqu'à dire à Léopold : « Si vous ne cédez, je vous briserai, » et il tint parole. Ne devait-il pas plutôt dire : « Si vous cédez, je vous récompenserai d'un autre côté. »

Monseigneur M..... alléguait pour motif de sa conduite envers les trois frères Baillard qu'il craignait pour le temporel de l'établissement parce qu'il y avait des dettes. Sans doute il y avait des dettes ; mais l'évêque pour les éteindre n'avait-il pas d'autres moyens à prendre que ceux qu'il voulait employer pour arriver à ses fins? car il ne disait rien et ne pouvait rien objecter contre l'administration spirituelle. S'il y avait des dettes, fallait-il s'en étonner après

tout ce qui avait déjà été fait; MM. Baillard avaient passé
par le plus difficile, les commencements; les frères placés
rapportaient chaque année quelques bénéfices à la maison
mère, la ferme et toutes les terres étaient bonifiées : ce qui
l'a bien prouvé, c'est que les fermiers qui les ont exploitées
après les trois frères se sont enrichis : il y avait donc bonne
espérance pour la maison de Sion dirigée par ces messieurs. Au reste, voici comme Léopold répondait à l'objec-
tion de Monseigneur M....., dans son imprimé sur les affaires
de la congrégation des frères, en date du 27 novembre 1847 :

« Les hommes s'estiment par leurs œuvres. Lorsque
« nous avons commencé l'œuvre de Sion-Vaudémont, nous
« n'avions aucune avance pour l'entreprendre. Dans l'espace
« de neuf ans nous avons acquis des propriétés, fait des
« constructions et des réparations immenses, monté un train
« considérable de labourage et doublé par nos travaux la
« valeur des terres mises en culture. Nous nous sommes pro·
« curé le mobilier de trois communautés considérables avec
« tous les instruments qui entrent dans six grands ateliers :
« menuiserie, maréchalerie, charronnerie, bonneterie, cor-
« donnerie, peinture et sculpture, et le tout ne peut être
« estimé dans sa valeur actuelle à moins de 300,000 francs.
« Nous avons nourri et en grande partie vêtu habituellement
« par année cent dix personnes, tant à Sion-Vaudémont qu'à
« Sainte-Odile, et la dépense pour tout ce personnel n'a pu
« s'élever annuellement à moins de 25 à 30,000 francs.
« Nous avons formé cent trente frères pour l'instruction;
« supporté les frais d'apprentissage d'emplois matériels et
« de métiers divers pour une quarantaine de frères-coadju-
« teurs; fondé vingt-cinq établissements d'instruction pri-
« maire; payé des frais de voyage pour nous et pour les
« nôtres pour 15,000 francs; payé à peu près autant pour
« impressions et ports de lettres; subi des banqueroutes
« pour 4,000 francs; perdu des chevaux, par suite de
« maladie, pour 8,000 francs; soutenu des procès injuste-
« ment intentés contre nous pour 3,000 francs; payé des
« intérêts pour 8 à 12,000 francs par année; remplacé deux

« frères au service militaire pour 4,000 francs; payé des
« frais de contrats pour 15,000 francs; pour acquisitions
« 200,000 francs; pour réparations 150,000 francs; et le
« tout avec le résultat des quêtes qu'il nous a été donné de
« faire, en y joignant toutefois notre propre industrie et le
« peu qui nous venait de notre patrimoine, car pour les
« pensions de nos élèves elles ont été si modiques qu'elles
« méritent à peine d'être estimées.

« Je demanderai après cela ce qui pouvait compromettre
« la considération ou même l'existence de la congrégation. »

Telle fut la réponse de Léopold à Monseigneur M....., par rapport à ses craintes sur le temporel de l'établissement. Les trois frères donc, appuyés sur ces raisons et sur ce qui était véritablement leurs droits, ne crurent pas devoir céder à ce qui était demandé et donnèrent à leur évêque les motifs de leur conduite à cet égard ; motifs qui, outre ce que je viens de dire, étaient qu'ils ne devaient pas être dépouillés de *la direction spirituelle d'abord* d'un établissement fondé et *bien dirigé par eux jusque-là, de l'aveu de tous, même de celui de Monseigneur*, et ensuite du temporel acquis par leurs soins et leurs travaux, quoique pour la communauté.

En outre de ce que nous venons de dire, MM. Baillard étaient censés tenus par honneur et par obligation de justice à conserver la direction de leurs frères, car, dans les quêtes, beaucoup de curés et autres personnes les avaient aidés à la condition qu'on leur donnerait des frères de Sion pour tenir école chez eux, et les frères Baillard avaient donné leur parole d'honneur d'en agir ainsi; même dans toute la France. Mais Monseigneur M..... voulait restreindre la communauté à son seul diocèse et jouir du placement des frères d'école, sans en référer aux fondateurs; aussi ce qui le mécontenta plusieurs fois, c'est qu'ayant demandé au supérieur de la maison de Sion des frères pour certains curés ou autres établissements favorisés par Monseigneur, le supérieur crut ne pas devoir toujours admettre les demandes de l'évêque de Nancy, parce qu'il avait ailleurs des obligations plus impor-

tantes à remplir et où l'on payait mieux les frères que là où
Monseigneur en demandait. Enfin le résumé de tout ceci
était que Monseigneur l'évêque de Nancy voulait avoir sous
sa main toute la direction de la maison des frères de la Doctrine de Sion, sans plus s'inquiéter de ce qu'allaient devenir
ses fondateurs, comme le prouva bien la brutale proposition
qu'il leur fit de céder *purement et simplement*. Cependant
en homme sensé il aurait dû se rappeler le proverbe qui
dit : « Que le ver de terre même se remue lorsqu'on
l'écrase. »

Sainte-Odile.

N'ayant encore dit que peu de choses de sainte Odile, je
dois lui donner ici une petite place. Sainte Odile, ou mieux
le domaine Sainte-Odile est situé sur une très-haute montagne de l'Alsace, à environ six lieues de Strasbourg. Il
fut acheté en 1837 d'un prêtre, M. Lhuillier, qui en était
le propriétaire, par les frères Baillard, qui le payèrent
50,000 francs. Il y a là une grande maison conventuelle,
une superbe et vaste église, des chapelles, une hôtellerie,
des écuries, puis une grande quantité de terre et de prés, et
enfin une forêt, le tout étant contigu et d'un seul morceau.
MM. Baillard, en achetant ce domaine, s'étaient proposé d'y
fonder une maison religieuse de femmes en souvenir de ce
que ces bâtiments avaient servi autrefois à une communauté
du même genre fondée par sainte Odile, qui en fut l'abbesse et
dont les reliques se trouvent encore dans l'une des chapelles
du couvent; mais Monseigneur Le Pape de Treverne, alors
évêque de Strasbourg, s'étant opposé au projet de MM. Baillard sous prétexte que le lieu était trop élevé et trop isolé
pour une maison religieuse de femmes (et il y en a une
aujourd'hui cependant fondée et approuvée par l'évêque
actuel de Strasbourg); mais Monseigneur de Treverne, nous
pourrions dire de *Travers*. n'existe plus. Ces messieurs

durent s'en tenir à autre chose. Ils donnèrent d'une manière particulière leurs soins au pèlerinage, au tombeau de sainte Odile, pèlerinage très-fréquenté depuis des siècles. Ce fut d'abord l'un des trois frères, le plus jeune, Quirin, qui se dévoua pour aller se mettre à la tête du nouvel établissement et qui s'adjoignit pendant deux étés deux prêtres allemands suisses pour mieux répondre à la piété et aux besoins des pèlerins. Plus tard, ces messieurs furent remplacés par un digne prêtre alsacien, M. Frimont. Quelques sœurs converses furent chargées du matériel de l'intérieur de la maison et de la garde des reliques de la sainte, tandis que des domestiques cultivaient les terres et soignaient l'hôtellerie avec quelques frères venus de Sion, qu'on leur adjoignit ensuite. En sorte que, pour le dire en quelques mots, l'établissement de Sainte-Odile fut tenu depuis 1837 jusqu'en 1848 par des prêtres, des frères, des sœurs et des domestiques, employés tous, et chacun selon son caractère, son rang et son genre d'état, au bien de la maison et des pèlerins.

Aux fêtes de la Pentecôte, des milliers de pèlerins, de curieux et de gens à parties de plaisir gravitent la haute montagne, les uns à telle fin, les autres à telle autre. Revenons à notre sujet.

Suite des difficultés des trois frères avec leur Évêque.

Lorsque Monseigneur M..... eut résolu de renverser, ou, selon son expression, de *briser* MM. Baillard et leur établissement, comme il en avait fait la menace à Léopold, ainsi que j'ai dit plus haut, il dut prendre des précautions, car il savait que les frères Baillard étaient devenus des hommes haut placés dans l'opinion publique, des prêtres zélés, consciencieux, éclairés; il savait que leur établissement de Sion-Vaudémont était connu au loin et favorablement connu dans toute la France et même en Belgique, en Angleterre, en Irlande et en Amérique; il savait que ces messieurs avaient eu des correspondances avec des milliers de personnages importants de divers côtés; qu'ils avaient quêté par eux-mêmes ou par les leurs dans toute la France, en Suisse, en Allemagne, en Belgique, en Angleterre, en Irlande et en Amérique. Il savait tout cela, et, en conséquence, avant d'en venir à son coup d'état, il dut se dire et se dit sans doute : *J'ai des précautions à prendre avant de frapper de tels prêtres, qui jouissent d'une excellente réputation, quasi européenne.* Que va faire alors Monseigneur de Nancy? Il fait imprimer et publier une circulaire qu'il adresse à tous les curés de son diocèse et aux évêques de France pour leur faire part des motifs de sa conduite, motifs qui sont à peu près ceux dont je parle plus haut. Cette circulaire qui était faite pour blâmer, non la conduite spirituelle et particulière des trois frères, mais pour critiquer leur administration temporelle dans l'établissement, cette circulaire, dis-je, était tellement gênée dans ses termes et ses raisons, que plusieurs prêtres, après l'avoir lue, se disaient : « On ne sait pas si Monseigneur veut y blâmer les frères Baillard ou les louer. » En effet, que pouvait-on en dire de mal?

Les trois frères lurent la circulaire et la discutèrent entre eux et convinrent qu'ils ne pouvaient se dispenser d'y répondre. Léopold donc se mit de suite à travailler une réponse. Il y fit entrer toute la modération possible, et y fit régner le respect pour son évêque. Ses raisons de défense, déduites avec une remarquable beauté de style et appuyées par tant d'excellentes et irréfutables preuves, firent dire à plusieurs curés et autres personnages qui l'avaient lue : « L'abbé Baillard a enfoncé son évêque. » D'autres disaient : « C'est une réponse de jésuite, » et cependant Léopold avait fait seul tout son travail; mais quand on est bien pénétré de son droit, on est fort et les expressions arrivent aisément pour l'exprimer, et qu'à cela se joint le talent.

Lorsque les abbés Baillard commencèrent leur établissement de frères d'école à Sion, Monseigneur de Forbin-Janson était encore évêque de Nancy. Pour montrer à ces messieurs combien il approuvait leur entreprise, il leur fit promesse, *par écrit,* de leur donner comme encouragement une somme de 6,000 francs qu'il ne versa pas immédiatement. Monseigneur de Forbin-Janson vint à mourir avant d'avoir satisfait à son engagement, et à ce moment Monseigneur M..... était le coadjuteur de l'évêque de Nancy. Qu'arriva-t-il, après cette mort, des 6,000 francs souscrits? le dirai-je? Oui; car l'histoire est l'histoire, et si quelques-uns de mes lecteurs disent qu'ils auraient gardé le silence sur ce que je vais rapporter en toute vérité, moi, je le consigne ici parce que j'en aurai besoin plus tard pour la défense des trois frères. Monseigneur Forbin-Janson étant mort, et son frère, M. le comte de Forbin, homme très-riche, étant devenu son héritier, MM. Baillard écrivirent à ce monsieur pour lui faire connaître ce qu'avait fait son frère en leur faveur et le prier, en sa qualité de son héritier, de remplir l'obligation souscrite par l'évêque de Nancy. M. de Forbin répondit aux abbés Baillard qu'il avait chargé Monseigneur M..... d'accomplir les engagements pris par son frère mort et qu'il lui avait donné tous les fonds nécessaires pour cela. Après cette réponse, MM. Baillard, tout naturellement, s'adressèrent au coadjuteur, devenu évêque, pour lui réclamer les 6,000 fr. Mais Monseigneur M..... refusa d'abord, fit je ne sais quelles objections pour ne pas payer les 6,000 francs. MM. Baillard écrivirent de nouveau à M. de Forbin et de nouveau même réponse de lui, en ajoutant que l'évêque s'était chargé de cette affaire. On va trouver le nouvel évêque de Nancy, il est de mauvaise humeur, il se fâche, il dit à Léopold : *Tenez, je vais vous donner 1,500 francs, puis des recommandations pour quêter, tant que vous voudrez, et vous me signerez la remise du reste.* Léopold, voyant qu'une plus longue résistance ne pouvait tourner qu'au détriment de son établissement, céda à la contrainte qui lui était faite et prit les 1,500 fr., signa la remise exigée, et sortit en emportant avec lui les mauvaises grâces de Sa Grandeur, parce qu'il avait trop insisté pour obtenir la somme souscrite, qui était si justement due, comme on le comprend. Ceci indisposa singulièrement Monseigneur M..... contre les trois frères et il en conserva souvenir! Cet épisode étant terminé, passons à la suite de notre narration.

Une sorte de bataille était donc engagée entre Monseigneur M..... et Léopold par les circulaires et les réponses ainsi que par les propositions faites aux trois frères de *céder purement et simplement leur établissement*. Un autre évêque, plus sage et plus profond en calcul que Monseigneur M....., s'y serait pris bien autrement que lui pour arriver à ses fins. Puisqu'il désirait avoir la haute administration des frères de Sion et en faire le placement à volonté, sans dépendre du supérieur, et ensuite diriger le temporel, il devait en homme. qui connaît les hommes et la manière de les conduire, il devait prendre d'abord des moyens de douceur, récompenses, promesses claires et précises, etc. Mais arrêtons-nous... Rien de tout cela n'eut lieu.

La lutte est engagée, l'un veut, les autres ne veulent pas; mais, comme on le pense bien, c'était le pot de terre contre le pot de fer; le pot de fer avait menacé de *briser* le pot de terre, il y réussit. Monseigneur M..... ne pouvant continuer par lui-même l'établissement des frères à Sion, puisqu'il appartenait encore en propriété de fonds à MM. Baillard, il s'adressa à dom Fraichard de Vezelise, qui avait même autrefois formé le premier berceau des frères dans une maison de capucins située dans cette dernière ville ; mais dom Fraichard n'avait plus de frères et il était en retraite. La proposition faite à ce vénérable prêtre fut acceptée, et Vezelise fut désigné pour le lieu où les frères enlevés à MM. Baillard seraient reçus. (Ils y sont toujours aujourd'hui et en prospérité.)

Monseigneur de Nancy lance donc ses ordres, ses ordonnances, fait connaître aux frères et aux novices qui habitent encore la maison de Sion, qu'ils aient à se rendre à Vezelise, sous peine de désobéissance à leur évêque. Plusieurs hésitent et ne veulent point quitter leur supérieur, qu'ils aimaient et à qui ils étaient dévoués. Mais, comment faire?

Des parents, des amis, des prêtres, viennent leur persuader qu'il faut obéir à leur évêque. Les frères, placés dans toute la France comme instituteurs, sont informés de ce qui a lieu : plusieurs disent qu'ils veulent continuer à correspondre avec leurs premiers supérieurs; mais on fait savoir à leurs directeurs de conscience qu'ils aient à leur refuser l'absolution jusqu'à ce qu'ils se soient soumis à reconnaître le nouvel état de choses, et petit à petit il faut bien qu'ils cèdent, sinon d'affection, du moins par contrainte, et regrettent leurs premiers supérieurs, à qui ils écrivent d'excellentes lettres de condoléance sur ces tristes affaires, d'autres quittent la communauté et changent de vocation.

Ici vient se placer une réflexion que plusieurs personnes ont dû faire avec les frères Baillard. On leur enlève leur propriété, leur bien, le fruit de leurs travaux, de leurs peines, et tout cela, on le fait sans parler de les indemniser, de leur faire une compensation. N'était-ce pas là une injustice criante, d'autres diraient un vol, et ne pouvaient-ils pas s'adresser aux tribunaux et faire un procès à leur évêque, à l'effet de l'obliger à les indemniser des pertes qu'il leur faisait subir par son droit *seul* du plus fort? Oserait-on, envers un établissement civil, ravir ainsi par la seule raison de sa force la propriété de quelqu'un?

Telle est cependant la situation. Et MM. Baillard ne pouvaient-ils pas faire un procès à leur évêque à l'effet de lui demander une indemnité pour les biens qu'il leur enlevait et pour le tort qu'il leur faisait de tant de manières? Je vais plus loin : le roi est mort, vive le roi! l'évêque est mort, vive l'évêque! c'est-à-dire, de même que le roi ne meurt pas et vit dans son successeur, l'évêque ne meurt pas non plus, et son successeur est tenu de prendre les charges de son prédécesseur, lorsque ce sont des charges inhérentes à la succession du défunt. L'évêque, ou si l'on veut l'évêché, a pris à MM. Baillard un établissement fait par eux, pour en avoir les bénéfices et les avantages, bénéfices et avantages qu'il a toujours, en sorte qu'il possède un bien qui n'est pas le sien, ce qui est une injustice; donc

MM. Baillard ont toujours le droit de revendiquer ce bien auprès de ceux qui le retiennent injustement, donc ils pourraient toujours intenter un procès à l'évêché de Nancy, donc ils pourraient toujours aussi vendre leurs droits à cet égard, et leurs héritiers en leur lieu et place. Tout ceci va jusquelà. Revenons à notre sujet.

Lorsque le public connut ce qui se passait entre l'évêque de Nancy et les abbés Baillard, je puis dire avec vérité qu'il blâma plus le premier que les seconds; on regrettait, ou mieux, on gémissait sur l'abandon de cette belle maison de Sion, sur le triste changement que cela faisait sur la montagne, et on savait ce qu'avaient fait les frères Baillard, et on en tirait les conséquences naturelles envers Monseigneur et envers eux.

Enfin, les choses en étant là, les frères Baillard ne furent pas découragés dans un certain sens; ils se dirent: Nous avons pour faire honneur à nos affaires, et nous pourrons toujours faire quelque bien avec au moins une partie de nos établissements, d'une manière ou de l'autre, si nous ne dirigeons plus les frères. Sion, se disaient-ils, a coûté au moins 200,000 francs, tant pour achat et réparations de bâtiments que pour achat de terres; la ferme de Saxon, avec le bâtiment d'exploitation et la maison des sœurs de là, plus de 100,000 fr., et Sainte-Odile 50,000 fr., puis ces messieurs avaient du patrimoine pour 25 à 30,000 fr. Ils étaient devenus électeurs censitaires à 200 francs de contribution, tous les trois, sous Louis-Philippe. Avec tout cela, ils espéraient bien qu'après avoir payé leurs dettes, qui n'étaient pas petites, il est vrai, et on l'a compris, il leur resterait une réserve considérable. Mais, ô malheur! après le coup que venait de leur porter leur évêque, la république de 1848 arriva précisément à ce moment, et leur en porta un plus terrible encore. Les biens-fonds n'eurent plus de valeur, et bien moins encore les maisons religieuses, car on croyait que les couvents allaient être abolis, et personne n'osait plus en acheter.

Vente des établissements des frères **BAILLARD**.

Ce fut dans ces tristes circonstances que la liquidation des biens des trois frères dut se faire. Leurs créanciers, voyant que l'établissement des frères leur était enlevé, craignirent pour leurs créances et voulurent être remboursés immédiatement, et, comme on ne put trouver les fonds nécessaires *ad hoc*, il fallut songer à vendre et on vendit par licitation. On vendit d'abord le mobilier considérable de la maison de Sion, puis celui de Saxon et tout le train de culture de la ferme avec chevaux et bétail de toutes sortes.

Le mobilier vendu, on annonça par d'immenses affiches la mise en vente : 1° de la ferme et de la maison de Saxon; 2° de la maison de Sion avec ses dépendances; 3° enfin du domaine Sainte-Odile. MM. Baillard savaient que le moment était très-mauvais pour faire ces ventes, à cause de la nouvelle république, comme nous venons de le dire. Ils demandèrent en conséquence plusieurs fois au tribunal et obtinrent des délais, espérant que les affaires de cette république s'arrangeant un peu et inspirant un peu plus de confiance, les biens et surtout les maisons religieuses reprendraient quelque faveur. Mais ce fut en vain, et il fallut enfin en venir à des ventes définitives. Celle de la ferme eut lieu d'abord pour 85,000 francs, y compris le bâtiment de la ferme et le couvent des sœurs. Ce bien valait beaucoup plus, mais attendu les circonstances du temps, il n'était pas encore si mal vendu. Cette ferme avait été considérablement améliorée par MM. Baillard et au moyen de leurs frères travailleurs. Ce qui le prouva bien, c'est que les deux fermiers qui en jouirent, Antoine et Pilot, y firent fortune dans huit à dix ans, surtout Antoine, qui fut le premier fermier. Pauvres frères Baillard! c'est bien ici qu'on peut vous appliquer le *sic vos non vobis* de Virgile! Je dis ici; mais il faut le dire à bien d'autres endroits encore! Cette ferme fut achetée par M. Aubry, de Mirecourt.

Pour les grands bâtiments de Sion, on voulut les vendre par lots, mais il n'y eut pas d'amateurs. Le notaire proposa alors à quelques-unes des sœurs religieuses demeurées comme cuisinières à la suite des frères Baillard d'acheter Sion. Elles achetèrent en effet tous ces bâtiments avec le grand et beau jardin qui en dépendait et environ deux hectares de bonnes terres qui se trouvent sur le plateau de la montagne, pour 18,000 francs. Cette vente eut lieu en 1849.

La maison de Sion ainsi achetée fit que MM. Baillard, avec deux de leurs frères travailleurs et ces quelques sœurs, purent continuer à l'habiter. Dans le moment où cette vente fut faite, ces messieurs s'occupaient de l'indication des sources, science dont leur fit part M. Garo, alors curé de Sexey-aux-Forges, et ils avaient déjà obtenu assez de succès pour pouvoir espérer faire quelque argent par cette industrie et aider ainsi les sœurs à payer l'acquisition de Sion. Ils firent quelques indications de belles et bonnes sources, principalement l'abbé François dans le grand-duché de Luxembourg, où il obtint un certain nombre de certificats de complète réussite. Cependant la science ne s'étant pas trouvée généralement infaillible, ils abandonnè-rent cette industrie, qui était celle de l'abbé Paramel et qui ne réussit pas toujours non plus lui-même, ce qui fit qu'on abandonna cette industrie ou science.

L'argent n'arrivant plus pour payer la maison de Sion, et les sœurs acquéresses n'en ayant pas assez par elles-mêmes pour la payer, il fallut la laisser vendre une seconde fois. On avait toutefois payé les frais de la première vente et donné quelques à-compte sur le principal, tout cela fut perdu. L'établissement vendu une seconde fois à la criée d'un tribunal de Nancy fut acheté par Mlle Lhuillier, de For-celles-sous-Gugney. Tout ce que nous avons dit, bâtiments, jardin, terres, lui fut adjugé pour 16,000 francs. Oui, Sion vendu pour seize mille francs! Quelle pitié! Pauvre Sion, aimée montagne! Et qu'était-ce donc que Sion avec ses dépendances? L'ensemble de ces lieux est un lieu des plus agréables, un plateau et des promenades en pelouses et en cercles, ombragés d'arbres, et d'où la vue s'étend délicieusement sur de grandes et riches campagnes d'où l'on compte environ quatre-vingts villages à l'œil nu, puis les montagnes des Vosges. Le bâtiment neuf, d'une longueur étonnante, avait au rez-de-chaussée une grande cuisine, un vaste réfectoire et deux chambres : au premier étage il y avait cinq belles chambres pour maîtres, au deuxième régnait un immense dortoir sur toute la longueur du bâtiment, puis grenier dessus et caves dessous. La couverture était en ardoises. Voilà pour le bâtiment construit à neuf par les trois frères. Il y avait ensuite deux ailes dans l'ancien bâtiment, qui comprenait chambres diverses au rez-de-chaussée et au premier étage, puis maréchalerie, salle à bibliothèque, grange, écurie, remise, cave et greniers à fourrage. L'église de la paroisse, qui touche au couvent de Sion et où l'on pénétrait par l'intérieur de l'établissement, est très-belle. Autrefois, les religieux tiercelins du couvent en étaient les propriétaires et admettaient à leurs offices les habitants de Saxon. Aujourd'hui ces derniers la possèdent et forment la paroisse de Sion-Saxon.

Je le répète, Sion, ainsi dépeint, donné pour seize mille francs! Sion, si brillant lorsque les abbés Baillard l'habitaient et y attiraient tant de monde par la beauté des cérémonies et celle du pèlerinage, par la piété qui régnait dans l'établissement et par le nombreux personnel qui s'y trouvait! Et qu'est devenu aujourd'hui ce Sion qui n'est plus habité depuis seulement quatorze à quinze ans? Les vieux bâtiments sont tombés en partie, les toits en sont découverts, les portes ouvertes et cassées, les entrées libres à tous venants, les renards y établissent leur demeure, ce qui est vrai à la lettre. Le bâtiment neuf a ses fenêtres cassées pour la plupart, les plafonds tombent, parce que la toiture n'étant pas entretenue en bon état, les gouttières démolissent tout.

Oui, voilà Sion tel que je l'ai vu, il y a moins d'un an. Oh! Monseigneur M....., comme tout cela vous accuse! comme tout cela crie contre vous! Vous n'êtes plus de ce monde, il est vrai, mais votre récompense ne doit pas être très-grande pour tout ce que vous avez fait contre ce pauvre Sion! Vous avez fait des ruines de ces beaux lieux dédiés à Marie, notre bonne mère, que nous invoquions là avec tant de bonheur ainsi que tant de frères pieux qui aimaient Notre-Dame-de-Sion!

Nous venons de parler de la vente de Sion et de celle de la ferme et des bâtiments de Saxon. Disons maintenant un mot du domaine Sainte-Odile, qui dut être également mis en vente. Deux ou trois ans avant la vente de ce domaine, un prêtre d'Alsace, M. Blanc, s'y présenta pour en faire l'acquisition à l'effet d'y établir un couvent de religieuses. Il alla sur les lieux pour en prendre bien connaissance, s'adressa à Quirin, qui en était le directeur, pour savoir si on vendrait et à quel prix. Ce dernier ne put rien lui répondre de bien positif à cause de l'absence de ses frères; ce monsieur écrivit ensuite plusieurs lettres par lesquelles il fut clair qu'il aurait donné de 60 à 80,000 francs de tout le domaine. Quirin là-dessus voulait vendre, il en écrivit à ses deux frères, qui répondirent qu'ils ne voulaient pas vendre à moins de 200,000 francs. Les frères Baillard n'avaient payé que 50,000 francs ce domaine, il est vrai, mais ils y avaient fait de grandes améliorations coûteuses. Eh bien, le croirait-on? ce beau et si intéressant domaine de Sainte-Odile avec toutes ses dépendances fut vendu seulement 18,000 fr. à un Alsacien riche qui l'acheta à cause de la modicité du prix, et le revendit peu de temps après 40,000 francs à l'évêché de Strasbourg. Pour lui ce prix suffisait puisqu'il gagnait de suite vingt et des mille francs, et que ce n'était pas son affaire, lui laïque, d'en faire une maison religieuse. On dit qu'aujourd'hui Sainte-Odile est occupée par des religieuses et des frères, c'est-à-dire que les religieuses occupent le couvent, et les frères tiennent l'hôtellerie et cultivent les terres. L'hôtellerie est séparée du couvent d'environ 400 mètres.

Voilà comment furent vendus les établissements des frères Baillard, qui avaient d'abord pensé devoir être grandement au-dessus de leurs affaires, et qui s'en trouvèrent au-dessous par suite des circonstances diverses que nous venons d'expliquer.

Sion et Sainte-Odile en temps ordinaire de vente valaient ensemble 250,000 fr., et ils furent donnés pour 84,000 fr. La ferme de Saxon, avec les bâtiments qui en dépendaient, furent vendus 85,000 fr. et ils en valaient plus de 100,000. A ces pertes MM. Baillard durent joindre encore celle de 25 à 30,000 fr. de biens patrimoniaux qu'ils possédaient. Tout y sauta donc pour eux.

Telle fut la fin de ces entreprises si grandes et si nobles des trois frères Baillard, qui alors n'étaient âgés que de quarante-huit à cinquante-deux ans! Tels furent les revers terribles qu'ils éprouvèrent et qu'ils supportèrent en hommes de courage et de foi, se rendant le témoignage que dans toutes leurs entreprises et leurs démarches ils n'avaient eu en vue que le bien de la religion et de la société. S'ils ne cédèrent pas en affaires temporelles aux exigences de leur évêque, c'est qu'ils crurent qu'il y avait de sa part abus d'autorité. Le public jugea sans doute diversement tous ces débats : les uns furent pour l'évêque de Nancy, les autres pour les trois frères; mais tous rendaient un témoignage unanime en faveur de MM. Baillard; chacun reconnaissait que s'ils avaient fait des dettes ce n'était ni pour avoir bu et mangé par eux-mêmes, mais bien pour avoir été trop bons en recevant *gratis* un grand nombre de postulants et postulantes dans leurs établissements, et qu'ils étaient tombés dans le malheur par suite des circonstances.

Après tant d'orages et de tempêtes, le calme reparut encore un peu pour les trois frères. Ils furent réduits à zéro en fortune, comme nous venons de le dire. Cependant ils avaient toujours leur qualité de prêtre, car dans tout ce qui avait précédé, ce n'était qu'affaires temporelles. J'ai dit plus haut qu'attendu la modicité du prix de vente de la maison de Sion avec ses dépendances, et d'après le conseil du notaire et celui de ces messieurs, quelques-unes de leurs sœurs religieuses qui possédaient quelque chose achetèrent ce domaine de Sion. Une trêve de paix donc eut lieu pour MM. Baillard, depuis 1849 jusqu'en 1852, car on acheta au commencement de 1849 et on quitta définitivement Sion en avril 1852. Que firent MM. Baillard pendant ces trois années de calme? Ils tinrent communauté eux trois avec deux de leurs frères travailleurs, frère Martin et frère Hubert, et quatre sœurs de leur maison de Saxon, qui leur étaient restées attachées : c'étaient sœur Thérèse Thiriet, sœur Lazarine (Marie-Claire Boulay, qui tenait l'école des petites filles de Saxon), sœur Marthe (Marguerite Viardin), sœur Quirin (Marguerite Cherrière) et sœur Euphrasie (Marie Philippe). Pendant ce laps de temps, MM. Baillard étaient restés curés de la paroisse de Sion-Saxon; Léopold en avait le titre; puis il soignait comme précédemment le pèlerinage, les confessions et le reste. Ils s'occupaient aussi avec leur petite communauté, qui était encore de neuf personnes, de la culture du grand jardin de Sion et des autres terres.

Ce fut pendant cet intervalle de temps que, pendant que l'un d'eux soignait la paroisse de Sion, les deux autres s'occupaient de l'indication des sources, comme nous l'avons dit plus haut. La république existait dans les moments dont je parle, et il y avait liberté pour tout citoyen de se présenter comme candidat à la députation. Les trois frères se dirent : Malgré la perte que nous venons de faire de notre temporel, notre réputation d'honnêtes hommes n'est pas perdue, et pourquoi Léopold, qui en a la capacité suffisante, ne se présenterait-il pas pour devenir représentant du peuple? Cela dit, Léopold se présenta, fit une profession de foi qui fut publiée par les journaux du département. Ce furent même plusieurs confrères de MM. Baillard qui leur en donnèrent l'idée. Je sais de plus qu'un de leurs amis, bon prêtre, peiné de voir tout le mal qu'on leur avait fait, leur écrivait : « Oui, présentez-vous, et, si vous pouviez réussir, cela remettrait vos affaires de toutes les manières, et je ferai tout mon possible pour vous aider à arriver. » C'était un excellent curé, important dans la partie allemande du diocèse. On imprima donc un bon nombre de circulaires qu'on envoya dans le département. François et Quirin firent même quelques voyages, surtout chez MM. les curés, dont ils étaient très-bien reçus, pour faire valoir la candidature de Léopold. Elle n'aboutit pas, il est vrai, mais il obtint cependant un grand nombre de voix, surtout dans la partie allemande du diocèse et particulièrement là où MM. Baillard avaient placé des frères d'école. S'il ne réussit pas, nous ne dirons pas que ce fut Monseigneur M..... qui en fut la cause ; mais toutefois il ne fit pas moins savoir en *secret* à MM. les curés de canton qu'il ne fallait pas favoriser la candidature de Léopold ; c'est ce que dit à Quirin lui-même un curé de canton à qui il demandait son concours ; il pourrait citer son nom, mais il n'existe plus. Cette affaire de candidature faisait bien voir que, quoique les frères Baillard eussent perdu tout leur temporel et leurs établissements, ils n'avaient pas perdu pour cela leur réputation de bons citoyens et de bons prêtres.

Deux mots sur une prophétie nouvelle.

Mais où allons-nous maintenant avec cette histoire des trois frères ? Que va-t-il arriver ? Quelles choses imprévues et inattendues vont se présenter ? O mon Dieu ! que vos desseins sont impénétrables, que les voies par lesquelles vous devez nous conduire nous sont ignorées dans notre enfance ! Mais il faut bien avancer quand vous nous dites : *Marche ! marche !* si on ne veut pas vous déplaire ni vous résister ! Nous dûmes donc marcher, et comment ?

Je veux en venir à tracer les lignes qui raconteront comment et pourquoi MM. Baillard furent poussés à s'attacher à l'enseignement d'un homme extraordinaire, inoui, introuvable dans l'humanité sans l'aide de Dieu, à un prophète enfin favorisé de révélations célestes. Après la grande tempête des trois frères passée, Léopold se rendit au couvent des chartreux de Bosserville, près Nancy, pour y faire une retraite et s'y retremper dans les vertus nécessaires au salut.

Pendant son séjour dans cette maison, il eut plusieurs entretiens avec un religieux du nom de père Magloire, et ce fut ce père qui lui fit faire le premier pas dans la carrière nouvelle dont nous allons parler. Le père Magloire avait lu les ouvrages de M. Madrolle, ouvrages dont il avait fait l'éloge à Léopold en le nommant le Jérémie de la France. M. Madrolle, en effet (né à Chanceaux, en Bourgogne), fut un écrivain très-érudit et profond, un puits de science et de connaissances diverses, comme ses écrits le prouvent. Léopold, à cette époque, ne connaissait encore ni M. Madrolle ni ses écrits, et ce fut ce bon père Magloire qui, en lui parlant de ce dernier, lui annonça en même temps que dans la Normandie se trouvait un homme extraordinaire qui passait pour être un très-grand prophète. Léopold, frappé d'étonnement à cette nouvelle, voulut correspondre d'abord avec M. Madrolle. Celui-ci, lui répondant, l'engagea à aller faire visite à ce prophète, comme déjà il avait fait lui-même et en était revenu stupéfait.

Mon but ici n'est point de parler au long sur cette matière si importante, il faudrait un volume pour en faire seulement l'analyse, et on formerait une bibliothèque de tous les écrits sortis de la plume de cet homme *miracle*; je dois cependant en dire ce qui est nécessaire pour servir à la défense des frères Baillard, qui ont été jugés à cette occasion d'une manière si peu en rapport à la vérité; je dois même dire que tout a été calomnies contre eux sur ce chapitre. Aussi disent-ils à ceux qui les condamnent : « Pardonnez-leur, Seigneur, parce qu'ils ne savent ce qu'ils font. »

Les frères Baillard donc ne se contentèrent pas d'entendre parler de cet homme nouveau, ils voulurent le voir et converser avec lui, afin de pouvoir juger par eux-mêmes ce qu'il était. Ils se rendirent en conséquence tous trois à Tilly-sur-Seulles, en Normandie, lieu qu'habitait Eugène Vintras, qui prit plus tard le nom de Pierre Michel, d'après un ordre du ciel. Les trois frères admis à entendre Pierre Michel parler, ou mieux prêcher, et témoins de ses extases et de tout ce qui se passait dans le sanctuaire de ce prophète, car il avait une chapelle où il faisait ses exercices religieux et où cinq ou six prêtres célébraient leurs messes tous les jours ; les trois frères, dis-je, tombèrent d'étonnement, de stupéfaction, se disant, comme le disaient aussi tous les autres témoins : « Jamais on n'a rien vu de pareil, et c'est Dieu qui parle par la bouche de cet homme, c'est Dieu qui agit en lui. » Les miracles déjà faits dans ce sanctuaire du prophète et ceux qui se firent ensuite venaient confirmer sa mission, et aussi confirmer la foi des trois frères au point qu'après avoir été à Tilly quelques semaines, ils disaient qu'au besoin ils étaient prêts à donner leur vie pour soutenir que là était l'œuvre de Dieu, et tout le nombreux personnel qui se trouvait autour de Pierre Michel en disait autant, et il y avait là prêtres, avocats, médecins, comtes, marquis, chevaliers, hommes et femmes de tous les rangs et de tous les états.

La mission à laquelle travaillait et devait travailler Pierre Michel, comme il y travaille encore aujourd'hui, fut appelée *OEuvre de la Miséricorde,* c'est-à-dire mission dans laquelle le prophète devait prêcher la bonté et la miséricorde de Dieu pour les hommes, dans laquelle il devait exciter à l'amour de Dieu et du prochain, annoncer un règne nouveau et meilleur pour le genre humain. *Adveniat regnum tuum,* mais précédé d'une purgation générale des méchants, mission dans laquelle il ne devait pas ménager le clergé de nos jours, parce qu'en grande majorité il ne marchait pas à la suite des apôtres, surtout l'épiscopat par son faste, son despotisme et sa grandeur mondaine. Je me tais ici.....

Je reviens aux trois frères. Lors donc qu'ils furent suffi-samment renseignés par eux-mêmes de ce qu'était ce pro-phète et sa mission, ils crurent que Dieu venait de leur faire une faveur signalée, et se préparèrent à y répondre dans ce qui était possible pour eux. Nous en étions alors au mois d'août et de septembre 1850, et Pierre Michel avait commencé sa mis-sion en 1839. Pendant ce laps de temps, il avait déjà passé par bien des épreuves et des calomnies venues surtout du clergé et de certains évêques, parce que ses prédications leur étaient trop désagréables, c'est-à-dire les prédications de Pierre Michel, qui était cependant un homme qui n'avait jamais fréquenté qu'une école d'hôpital pendant trois mois. Eh bien, ce fut cet homme qui devint assez important pour faire peur aux évêques, mériter leur vengeance au point que celui de Bayeux, évêque du diocèse, crut devoir en écrire au souverain pontife pour obtenir la condamnation de la censée doctrine du nouveau prophète. Je m'arrête, car, je l'ai dit, je ne viens pas faire ici l'histoire de l'*OEuvre de la Miséricorde*, on la trouvera ailleurs si on veut la connaître.

Pendant que Léopold était à Tilly, car il y fut longtemps sans ses frères, ceux-ci voyageaient pour la découverte des sources, il fit administrer la paroisse de Sion-Saxon par un de ses amis, puisqu'il avait toujours le titre de curé de cette paroisse. L'évêque de Nancy blâma cette longue absence, s'en-quit du motif pour lequel le curé de Sion était si longtemps ho s de la paroisse, et en ayant appris la raison et en même temps reçu les faux renseignements que donnaient les calom-niateurs de Pierre Michel, notamment ceux de l'évêque de Bayeux, il se prépara à fulminer contre Léopold d'abord ses anathèmes, et un peu plus tard contre François et Quirin. Et, le croirait-on! il retira subitement les pouvoirs ecclé-siastiques à Léopold, même avant de l'avoir entendu! C'était condamner quelqu'un sans jugement, sans connaissance de cause : n'était-ce pas chose affreuse, surtout pour un évêque? Tel fut cependant le fait. Il appela néanmoins ensuite Léopold en jugement devant le conseil épiscopal, à la tête duquel était M. D....., grand vicaire d'alors, de triste mémoire pour MM. Baillard et pour beaucoup d'autres, car ce fut lui qui poussa Monseigneur M..... à travers tout ce gâchis fait aux trois frères. Léopold se défendit devant le conseil épiscopal en homme de conscience et de conviction profonde sur son adhésion à « l'OEuvre bénie de la Miséricorde », disant entre mille autres choses : qu'il valait mieux obéir à Dieu qu'aux hommes, qu'il fallait avant tout chercher le royaume de Dieu, comme le dit l'Évangile ; que Dieu lui ayant fait une faveur signalée en l'appelant à cette œuvre, il croirait l'injurier et aller contre lui s'il ne se maintenait là où il l'avait appelé ; que d'ailleurs le premier supérieur est Dieu, et que dans le cas où les seconds lui sont contraires, il faut renoncer à suivre les seconds, surtout quand le premier a fait révélation et fait connaître ses volontés directement, et ici c'était le cas.

Léopold demanda qu'on voulût bien constater les miracles opérés dans l'*OEuvre de la Miséricorde* et les raisons diverses sur lesquelles il se fondait pour y rester attaché ; mais on ne tint pas compte de sa proposition, et c'était presque toujours M. D..... qui avait la parole ; il allégua qu'il faudrait trop de temps pour faire une telle opération et que trop de difficultés s'y présentaient : il était bien plus facile de condamner un bon prêtre, la besogne n'était pas longue ; en effet, Léopold resta condamné par la grâce de M. D..... surtout. Ceci se passait en 1850. François et Quirin étaient alors absents et s'occupaient de la découverte des sources en Belgique et dans le Luxembourg. Ils furent à leur tour et un peu plus tard invités à se présenter à l'évêché pour y rendre compte de leur croyance. François, qui était toujours absent et qui n'avait pas connu la convocation qui lui avait été faite, ne put y répondre et fut également condamné comme contumace. Quirin était à Sion lorsqu'il fut invité à se rendre à l'évêché ; mais au lieu de se rendre en personne à l'appel, il écrivit à son évêque à peu près dans ce sens : Qu'il ne se rendrait pas à l'invitation, parce que, vu la condamnation de son frère Léopold, il savait qu'il était lui-même condamné d'avance ; que néanmoins il allait donner les motifs principaux de son adhésion à l'*OEuvre de la Miséricorde*; que pour lui c'était une chose de profonde conviction, fondée sur ce qu'il avait vu, entendu et connu par lui-même; qu'il était même prêt à donner sa vie plutôt que de se détacher de cette œuvre, et que dans le cas où il serait dans l'erreur, ce qu'il était loin de croire, il y serait tout au moins de bonne foi et que c'était sur ces raisons qu'il demandait à être jugé. Un prêtre qui était présent lorsqu'on avait lu la lettre de Quirin lui a rapporté qu'après cette lecture faite, personne n'avait dit mot; cela voulait sans doute dire qu'aucun des présents n'osait se prononcer contre Quirin. Cependant comme François il fut condamné comme contumace.

Telle est l'histoire très-abrégée et bien triste de la condamnation des trois frères par l'évêque de Nancy, Monseigneur M....., à laquelle eut une grande part M. D....., qui avait à se venger surtout de Léopold; oui, je dois le dire, parce qu'il avait à se venger en raison que dans les écrits publiés de part et d'autre sur les affaires de Sion, le public en général avait donné gain de cause à Léopold contre M. D....., et dans toutes ces affaires il ne fut pas certainement innocent devant Dieu; aussi, depuis ces tristes moments, MM. Baillard, dans les rencontres qu'ils firent d'un certain nombre d'anciens confrères, leur ont dit : « Monseigneur M..... a été un peu vite avec vous, il faut l'avouer. » Ils ne pouvaient en dire davantage, de crainte de se compromettre.

Que dire maintenant? Voilà les trois frères sur le pavé, les voilà sans cures, sans place, sans ressources : tous leurs biens leur sont enlevés! Oh! hommes de foi! celui qui écrit ces lignes a beau être de ce nombre, il le dira : hommes de foi! vous vous jetez ainsi volontairement sur le pavé sans savoir où vous allez trouver du pain désormais! N'était-ce pas déjà trop pour vous d'avoir perdu votre patrimoine, vos économies personnelles, vos établissements; d'avoir subi tant d'humiliations, vous qui de si haut placés autrefois n'êtes plus que trois petits cénobites dans la maison de Sion, et fallait-il que vous vous arrachiez votre dernier morceau

de pain, morceau que vous auriez pu encore vous procurer
en restant curés, ou occupés d'une autre manière sous l'autorité de votre évêque, qui, quoique vous ayant fait tant de
mal pour vos établissements, ne vous avait cependant pas
rejetés pour votre ministère de prêtre? Fallait-il donc en
venir là? Quoi! vous comptez pour rien votre temporel!
Vous ne regardez pas si vous allez mourir de faim! Votre
foi, votre conviction, votre conscience, vous parlent, et c'est
tout pour vous! Vous allez en aveugles pour le temporel,
pourvu que vous suiviez la volonté de Dieu que vous croyez
vous être manifestée d'une manière évidente et palpable
pour vous! Oh! que vous avez peu d'imitateurs! car pour
les trois quarts et demi des hommes le temporel passe le
premier. Et quelle est la récompense qui vous attend dans
votre nouvelle carrière? (Nous ne parlons pas de celle d'en
haut.) Des calomnies affreuses, atroces, la prison, l'exil, les
privations de toutes sortes dans ce monde, comme nous le
dirons bientôt.

Voilà les trois frères condamnés, mais condamnés d'une
manière qu'on appelle en théologie *subreptice*, c'est-à-dire
condamnation faite par suite de faux renseignements et contre
la vérité, et par suite qui doit demeurer sans effet. Je m'ex-
plique : un pape, Innocent III, a décidé, et ses successeurs
ont tous admis la même décision, que si on lui soumettait
quelques affaires, quelques renseignements, qui ne fussent
pas fondés sur la vérité et qu'en conséquence il prononçât
des condamnations, ces condamnations devaient être comme
non avenues et regardées comme nulles et sans effet. Or
telle fut la condamnation des frères Baillard, puisqu'elle fut
fondée sur de faux renseignements et portée sans connaissance de la cause principale de leur manière d'agir, et qu'on
ne voulut pas s'en faire instruire.

MM. Baillard, depuis cette condamnation jusqu'en 1852,
s'occupèrent, dans l'intérieur de leur maison de Sion, des
exercices et des prières de l'*OEuvre de la Miséricorde*, selon
que le leur avait tracé le prophète qui les dirigeait et correspondait avec eux. Un grand nombre de personnes des

environs venaient même les entendre et assister à leurs exercices et aussi bon nombre d'habitants de Saxon. Ce fut dans ce moment que MM. Baillard, quoique déjà condamnés par leur évêque, furent favorisés de miracles dans leur chapelle, Dieu voulant sans doute leur dire : « Si on vous a condamnés, moi, je ne vous condamne pas, vous êtes dans la vérité et je vous en donne des preuves. » Et qu'on ne vienne pas dire ici que j'en impose, car, la main sur la conscience et devant Dieu qui me juge, je dis que j'ai vu et bien d'autres personnes avec moi des miracles eucharistiques opérés sous mes yeux; oui, des miracles eucharistiques, c'est-à-dire que plusieurs fois des hosties sur lesquelles étaient formés des cœurs d'où sortaient des flammes, des palmes, puis un A [1], un M [2], l'hostie étant blanche, les cœurs et les autres signes rose foncé, ces hosties, dis-je, sont venues plusieurs fois se placer sur notre autel lorsque nous étions réunis en prière et on les prenait pour les placer honorablement dans un petit reliquaire d'argent. D'autres faits de ce genre eurent également lieu. Mais, je l'ai dit, mon but ici n'est pas de parler au long des miracles ni de l'*OEuvre de la Miséricorde*.

Tant que les trois frères purent habiter Sion comme leur appartenant et faire cultiver le jardin et les quelques terres qui en dépendaient, ils avaient pu vivre. Mais arriva le moment où ces restes furent vendus définitivement et achetés par Mlle Lhuillier, de Forcelles-sous-Gugney. Il fallut alors songer à quitter ce cher et aimé Sion, il fallut songer à se disperser et voir comment on allait faire pour vivre. La perspective était terrible. Outre les trois frères Baillard, il y avait encore quatre sœurs qui faisaient communauté avec ces messieurs : c'étaient sœur Lazarine (Marie-Claire Boulay); sœur Marthe (Marguerite Viardin); sœur Quirin (Marguerite Cherrière), et sœur Euphrasie (Marie Philippe). L'entretien de ce personnel était donc encore lourd, et il fallut songer à

1. A voulait dire amour à Jésus.
2. M Marie, aimer Marie.

se diviser, car le peu de provisions alimentaires qui restait
à Sion ne pouvait durer bien longtemps pour tant de monde.
Un ami riche, M. Madrolle, dont j'ai parlé précédemment,
était venu visiter MM. Baillard, il y avait peu de temps, à
Sion, et, comme dans sa visite il avait pu juger de la situation précaire de ces messieurs, il leur offrit de recevoir dans
une de ses maisons de campagne, près Dijon, l'un des frères
Baillard avec deux sœurs. Tout étant combiné ensemble, ce
fut Quirin qui accepta l'offre et se disposa en conséquence
à se diriger vers le lieu désigné. Le jour du départ étant
arrivé, il fit ses adieux à ce cher Sion, à ses deux frères et
au reste du personnel ; puis, les larmes aux yeux, un sac de
nuit sur le dos, sac qui contenait un calice, une chemise et
quelques autres objets, il part seul à pied et se dirige triste
et pensif vers cette terre inconnue pour lui, où il arrive le
14 mars 1852, après deux journées et demie de marche. Le
voilà en Bourgogne, le voilà arrivé dans la maison de
M. Madrolle, maison qui était inhabitée depuis treize ans.
Ce monsieur et sa bonne dame, ayant appris l'arrivée de
Quirin dans leur campagne, s'empressèrent de venir du
village de Chanceaux, où ils demeuraient, pour l'installer et
lui procurer le nécessaire. L'habitation était belle, agréable,
et un beau et bon jardin y était attenant. Quirin installé fit
venir un mois plus tard, d'après l'avis de M. Madrolle, les
sœurs Quirin et Marthe pour tenir ménage avec lui. M. Madrolle donna d'abord quelque argent pour l'entretien de la
communauté ; mais comme les sommes données n'étaient
pas fortes, et qu'il fallait trop souvent redemander du
secours, la petite communauté eut faim et dut, pour la faire
cesser, chercher à vivre par elle-même et par conséquent
se mettre à travailler des mains. Les deux sœurs s'offrirent
à travailler comme journalières. Quirin ne travailla pas
d'abord, trouvant que cela n'était guère en rapport avec
son caractère de prêtre ; mais la moisson s'étant ouverte dans
le pays, les deux sœurs s'engagèrent pour la faire et elles
faucillaient d'abord elles deux ; mais Quirin se joignit bientôt
à elles, n'abandonnant pas pour cela son spirituel dans tout

ce qui lui était possible. Il avait même le courage de réciter régulièrement son bréviaire, étendu couché sur des javelles pour n'être pas vu par les autres moissonneurs. La moisson, les moissons, car il en fit plus d'une de la sorte, la moisson terminée, Quirin se livra à d'autres travaux comme un simple particulier et cela pendant plus d'une année. Oh ! humiliation pour un prêtre, mais il le fallait bien pour manger. Qu'on dise après cela que c'est à cause du bien-être, à cause des richesses et des honneurs que les frères Baillard sont restés attachés à cette *OEuvre de la Miséricorde !* Oui, si par leur conduite que j'appelle nouvelle les trois frères avaient eu à recueillir honneurs, richesses, dignités, aisance, grandeurs, on aurait pu dire avec vérité que c'était tout cela qui les avait séduits et entraînés; mais puisque ce fut par tout le contraire qu'ils restèrent inébranlables, qu'on cesse donc de les calomnier. Et vous, confrères prêtres, qui nous condamnez, comptez pour rien la perte de votre temporel, comptez pour rien les humiliations, la pauvreté, et mettez avant tout la recherche du royaume de Dieu, et vous serez bientôt avec nous !!!!

Quirin travailla ensuite dans les imprimeries de Dijon pendant deux ou trois mois, et enfin pendant huit ans il s'occupa d'assurances contre l'incendie et contre la grêle.

Par ses travaux et ses économies, et aidé des deux personnes qui faisaient ménage avec lui, surtout par Marguerite Viardin, car Marguerite Cherrière devint cuisinière chez M. Madrolle, où elle est encore aujourd'hui, Quirin put vivre et obtenir une petite médiocrité, et, quoique ainsi exilé et forcé de se livrer à des travaux qui n'étaient point en rapport avec sa position cléricale, il éprouva néanmoins quelque agrément dans son exil, surtout dans les dernières années, car il se fit dans le village qu'il habitait une excellente réputation d'honnête homme. On recherchait même sa compagnie et on s'en trouvait honoré. Il doit dire aussi qu'il dût à M. et à Mme Madrolle une vive reconnaissance pour les avantages qu'ils lui firent de le loger agréablement pendant onze ans, lui donnant le produit d'un beau jardin, puis du vin à volonté. Mais laissons encore Quirin pour un instant en Bourgogne, bientôt nous le ramènerons de là à Saxon-Sion.

Quirin parti pour la Bourgogne, comme nous venons de le dire, Léopold et François, ainsi que les sœurs Lazarine et Euphrasie, restèrent encore quelques jours à Sion ; mais enfin, pressés par la demoiselle Lhuillier, qui pensait vendre bien plus facilement son couvent de Sion s'il n'était plus habité par MM. Baillard (aujourd'hui il n'est pas encore vendu), ces derniers le quittèrent et descendirent faire leur demeure à Saxon, dans une petite maison où voulut bien les recevoir Mlle Marie-Anne Sellier, fille pieuse et dévouée aux frères Baillard ; la maison lui appartient ; mais ils n'y demeurèrent pas longtemps, en voici la raison.

Léopold et François, célébrant un jour la messe en cachette chez Pierre Mayeur, car il n'y avait pas assez de place pour cela chez Marie-Anne Sellier, le maire de la commune de Saxon, nommé J..., triste homme en sentiments religieux et ennemi déclaré des frères Baillard depuis longtemps (il n'existe plus aujourd'hui), cet homme, conseillé par on ne sait qui, peut-être par des curés, n'alla-t-il pas un jour, accompagné du garde champêtre de la commune (il violait contre la loi un domicile particulier), c'était le jour de la Pentecôte 1852, n'alla-t-il pas, n'entra-t-il pas dans le lieu où Léopold célébrait la messe, et fut assez audacieux pour s'avancer vers l'autel et mettre sa profane main sur le calice pour l'emporter ! A cet aspect, François, qui servait son frère, ému d'une sainte indignation, court avec vivacité et arrache le calice des mains de cet indigne profanateur des vases sacrés. Quoi ! vous, maire, vous osez toucher de vos sales mains cet objet sacré ! Outre ce sacrilège, que vouliez-vous donc faire par là ? Voler un calice ? Non, la chose se faisait trop publiquement. Il fut dit que ce monsieur avait voulu enlever ce calice pour que MM. Baillard ne pussent plus célébrer, parce qu'ils étaient trop pauvres pour en acheter un autre. Et qu'est-ce que cela pouvait vous faire s'ils célébraient, à vous, maire si dévot ! Et n'en avaient-ils pas le droit d'ailleurs, car nul homme ne peut enlever au prêtre son caractère de consécrateur dans la messe, et quant au lieu, le lieu n'ôte rien à la valeur du sacrifice; en Irlande les curés vont dire la messe chez les particuliers dans une chambre, le servant apportant tout ce qui est nécessaire pour la célébrer. J'ai vu tout cela moi-même.

Quelle fut la suite de cette action audacieuse de ce maire? Comme on vient de le voir, tout était contre lui, et cependant ce fut encore lui qui eut raison devant les ennemis des frères Baillard. François, d'accord avec Léopold, ayant pesé ensemble l'action de Jan....., se dirent : Il faut aller de suite prévenir la gendarmerie de Vezelise pour lui dire ce que vient de faire ce maire. François part, en effet, mais à sa sortie du village, quelques mauvais sujets, pensant qu'il se sauvait, car le maire après son haut fait avait répandu le bruit qu'il avait reçu un coup de pied de François, ce qui n'était pas vrai, cependant il en méritait bien davantage; quelques mauvais sujets, dis-je, coururent arrêter François, qui se défendit; mais, seul contre cinq ou six, que pouvait-il faire? Ils le ramenèrent donc comme un malfaiteur, après lui avoir déchiré sa soutane et sa ceinture, et le tinrent en garde dans la maison commune. Le maire, sous le prétexte qu'on l'avait battu, fit venir les gendarmes, qui conduisirent l'innocent à Vezelise, puis de là à Nancy, où il fit une prison préventive de trois mois. Il n'y fut cependant pas très-mal, car étant à la pistole, il fut soigné d'abord par les siens, puis des amis allaient lui faire visite de temps en temps, même des prêtres de Nancy et d'ailleurs, et on lui portait quelque chose. Le jugement eut lieu en police correctionnelle. Tout le monde savait que l'accusé était l'innocent et l'accusateur le coupable. Les juges, fut-il dit, connaissaient le vrai de l'affaire et voulaient acquitter François. On fit demander à l'évêché s'il fallait acquitter; la réponse fut qu'il fallait condamner. Je donne cependant ceci comme on me l'a rapporté, sans l'affirmer, car je veux toujours me tenir dans la vérité.

François eut pour défenseur M. Bouligny, jeune avocat.

La cause était belle pour lui : il avait à parler d'un accusé innocent et d'un accusateur coupable. Aussi M. Bouligny fit-il des tirades épouvantables contre ce Jan...t... et le fit rougir bien des fois devant l'assemblée, l'apostrophant sur son audace d'avoir osé porter ses mains sur un objet sacré, sur un calice, lui disant : « Où ont-elles été mises vos mains pour n'avoir pas craint d'en souiller un vase consacré?... » Malgré cette belle défense, François fut condamné à deux mois de détention, puisqu'il fallait bien condamner pour ne pas donner tort au maire et suivre l'avis d'autres personnages!!!

Léopold n'était pour rien dans cette affaire, et néanmoins il fut invité à se présenter devant le procureur de la république. Mais au lieu de se rendre à Nancy, il se prépare vite à s'expatrier et se dirige prestement en Angleterre, à Londres. On lui fit également un procès dans lequel on le condamna par contumace à un an de détention, sous le prétexte qu'à Sion il avait, en répandant les connaissances de l'*OEuvre de la Miséricorde,* parlé contre la bonne morale et la religion catholique. Oh! hommes dépravés, lorsque vous êtes décidés à condamner quelqu'un, la justice pour vous n'est plus rien, le blanc pour vous devient le noir, la vertu le vice. Léopold et ses frères dans tout ce qu'ils faisaient n'avaient en vue que le bien spirituel du prochain et le salut des âmes. Bien loin d'eux étaient toutes les faussetés qu'on leur imputait!!!

Reprenons notre narration. Voilà François en prison encore pour deux mois, Léopold parti pour Londres et Quirin en Bourgogne. Lorsque François eut fini son temps de détention, il rentra à Saxon, où il continua à faire ménage avec sœur Euphrasie et Marie-Anne Sellier. Sœur Lazarine était restée avec ces deux dernières presque jusqu'à la sortie de prison de François; mais, ayant été appelée à Londres, elle s'y rendit et devint la cuisinière de la petite communauté prophétique de laquelle Léopold faisait partie. François, rentré à Saxon, était pauvre comme un rat d'église. Il dut par conséquent se livrer au travail des mains avec ses deux suivantes pour pouvoir se procurer du pain, et il resta dans cette pénible position jusqu'à sa mort, c'est-à-dire pendant onze ans avec un mieux cependant pendant les trois dernières années de sa vie, et ce mieux lui arriva au moyen de quelques centaines de francs qu'il récupéra tant pour lui que pour ses frères sur M. Fidèle, marchand de fer à Vezelise, qui avait volé les frères Baillard en leur vendant du fer et autres marchandises de ce genre pour les besoins de leur ferme de Saxon. Il fut aidé en céci (François) par un ami, M. Lambert.

En 1855, François, appelé par son frère Léopold, fit un voyage à Londres dans le but de faire visite à ce frère et aussi au cercle prophétique qui se trouvait alors dans cette grande cité. Après être resté quatre à cinq mois dans la capitale d'Angleterre, il revint en France passant par Paris, puis par la Bourgogne pour y aller embrasser son frère Quirin qu'il n'avait pas vu depuis plus de trois ans, et cette rencontre fut bien agréable pour les deux frères.

François, rentré définitivement à Saxon, continua à y demeurer en homme paisible et humilié, et par sa conduite calme, irréprochable et bon comme il était, il eut bientôt fait disparaître chez tous ceux qui l'avaient connu et qui le connaissaient encore les préjugés et les calomnies lancées contre lui et contre ses frères dans le début de leur adhésion à l'*OEuvre de la Miséricorde*, car on vit bien alors, comme on le voit encore aujourd'hui, que tels avaient été les trois frères autrefois pour le spirituel et la conduite, tels ils étaient encore alors. L'opinion publique les déjugea et les déjuge toujours maintenant parce qu'on n'a pu, en dehors de calomnies, leur rien reprocher sur leur conduite d'honnêtes hommes et de prêtres consciencieux. Leur adhésion à l'*OEuvre de la Miséricorde* était tout ce qu'on pouvait leur objecter; mais après tout, puisque c'est pour eux une affaire de conscience et de conviction, pourquoi ceux qui ignorent ce qu'ils savent viennent-ils les condamner? Ils se chargent, eux, de leur fardeau et ne l'imposent pas aux autres; c'est Dieu qui sera ici le juge, comme il l'est ailleurs.

Léopold, après avoir été en Angleterre pendant cinq ans, se crut permis de rentrer en France, car sa condamnation par contumace se trouvait périmée par l'exil ou autrement. Il quitta donc la Grande-Bretagne en 1857, sur l'invitation d'un vicomte qui connaissait l'OEuvre et qui avait manifesté son désir d'avoir dans son château un des abbés Baillard, lui offrant sa table et tout le nécessaire. Léopold part donc et se rend chez ce monsieur, où il est très-bien reçu, bien traité, mangeant à sa table et s'entretenant avec lui des affaires de la *Miséricorde*; mais Léopold, trop imprudent et toujours trop zélé pour gagner quelques personnes à l'OEuvre, en communique la doctrine à quelques femmes qui s'approchaient du château du vicomte; ces femmes parlent de Léopold à leur curé et probablement celui-ci à son évêque ou à la police. Le chat qui dormait est éveillé : la police est prévenue de ce qu'est Léopold ; mais comme M. le vicomte est un homme important dans le pays, on ne veut pas qu'il ait quelques affaires désagréables chez lui et on lui fait dire de faire évader Léopold, ce qu'il fait en effet ; mais à peine Léopold est-il arrivé dans la ville de Château-Gontier, qu'il voit venir les gendarmes à son hôtel, qui lui demandent son passe-port, constatent que ce n'est pas son vrai nom et le déclarent en conséquence arrêté.

Léopold, d'abord jugé à Segré et condamné à un an de détention comme portant un faux passe-port, rappela de ce jugement à Angers, mais il n'y gagna rien : le premier jugement fut confirmé, et il dut faire son année de détention; il fallait bien donner gain de cause aux juges de Nancy. Léopold, après ce temps passé, revint habiter Saxon, se joignant au ménage commun de son frère François, de sœur Euphrasie et de Marie-Anne Sellier. Là encore ils vécurent bien pauvrement pendant environ une année; mais ayant découvert que dans la vente générale de leurs biens de Sion-Saxon plusieurs pièces n'avaient pas été portées sur l'affiche de mise en vente, ils se dirent qu'elles leur revenaient de droit, et se mirent par conséquent en devoir de les revendiquer. M. Aubry, de Mirecourt, acquéreur de la

ferme de Saxon, dans laquelle se trouvaient ces terres
oubliées, en avait joui jusque-là comme étant les siennes.
MM. Baillard, après s'être bien assurés de toutes les pièces
de terre qui leur revenaient, en prévinrent M. Aubry, qui,
à cette nouvelle, fit d'abord difficulté pour rendre ce qui ne
lui appartenait pas, et dit même qu'il n'y consentirait que
sur procès à lui intenté. Les frères Baillard n'hésitèrent pas
alors à se préparer au procès; mais M. Aubry, ou mieux
M. Colnot de Diarville, qui avait racheté la ferme de la
famille Aubry, s'étant fait renseigner sur l'affaire, on lui dit
que s'il se laissait faire un procès il le perdrait certainement, parce qu'il ne pouvait jouir d'un bien qui ne lui
avait pas été vendu. On en vint donc à un arrangement à
l'amiable, et par là MM. Baillard récupérèrent quelques
milliers de francs dont ils avaient très-grand besoin. Les
fermiers durent payer aussi pour les récoltes qu'ils avaient
faites et qui n'étaient pas les leurs. Cette providence pour
Léopold et François, car c'en était une évidente et bien
inattendue pour eux, leur fut d'un bien grand secours, ce
qui aussi leur fit dire que le doigt de Dieu avait été là pour
eux. Au moyen de ce secours et de ce qui fut récupéré sur
Fidèle, comme ils étaient logés très-étroitement dans une
maison qu'avaient achetée depuis quatre ans, toujours à
Saxon, la sœur Euphrasie et Marie-Anne Sellier, ils firent
bâtir un supplément de maison, contigu à l'autre, et achetèrent encore une douzaine d'ares de bon terrain touchant
à leur jardin, pour augmenter ce dernier.

Voilà les deux frères arrivés en 1861, et les voilà un peu
moins malheureux. Désireux néanmoins d'améliorer encore
leur sort temporel, et comme ils n'avaient que peu d'occu-
pations, ils prêtèrent d'abord l'oreille à la proposition que
leur fit un ami de les faire travailler dans les assurances
contre l'incendie et contre la grêle. La chose ne parut
d'abord pas très-honorable à Léopold, et il ne se décida pas
sur-le-champ. Mais plus mûres réflexions faites, il se dit :
Nous avons passé par du plus humiliant, et pourquoi ne tra-
vaillerais-je pas dans ce sens? et il se mit à travailler pour

les assurances, y trouva du succès, ce qui l'encouragea, et il y travaille encore aujourd'hui. Par là il a pu parfaire leur bâtiment de Saxon et vivre un peu moins sévèrement.

Quirin, en Bourgogne, comme je l'ai dit, s'occupait aussi d'assurances, mais il avait toujours conservé l'intention de revenir joindre ses frères, si l'occasion s'en présentait. Léopold lui ayant un jour fait savoir que s'il revenait en Lorraine il pourrait y vivre aussi bien qu'en Bourgogne, il se décida tout à coup à quitter ce dernier pays, et le quitta en effet le 6 mai 1863, et arriva à Saxon-Sion le 10 du même mois, sœur Marthe Viardin suivant le ménage qui arrivait et devant continuer à le conduire.

Quirin, un mois après son arrivée à Saxon, eut le profond chagrin de perdre son frère François, qui mourut, comme je l'ai dit déjà, le 4 juin 1863, à trois heures après midi, jour de l'échéance de la Fête-Dieu, à l'âge de soixante-cinq ans, et on croirait volontiers qu'il était revenu pour assister ce frère dans ses derniers moments, car Léopold était absent à ce moment suprême.

Quirin arrivé à Saxon ne s'y plut pas, il était logé trop étroitement, puis trop loin du centre de ses affaires. Il quitta en conséquence cette dernière localité avec Marguerite Viardin, le 16 septembre 1863, et alla s'établir à Nancy, où il se trouve aujourd'hui et où il écrit ces lignes, le 12 juillet 1868. *Amen.*

TABLE DES MATIÈRES

PARIS. — J. CLAYE, IMPRIMEUR, 7, RUE SAINT-BENOIT. — [1170]

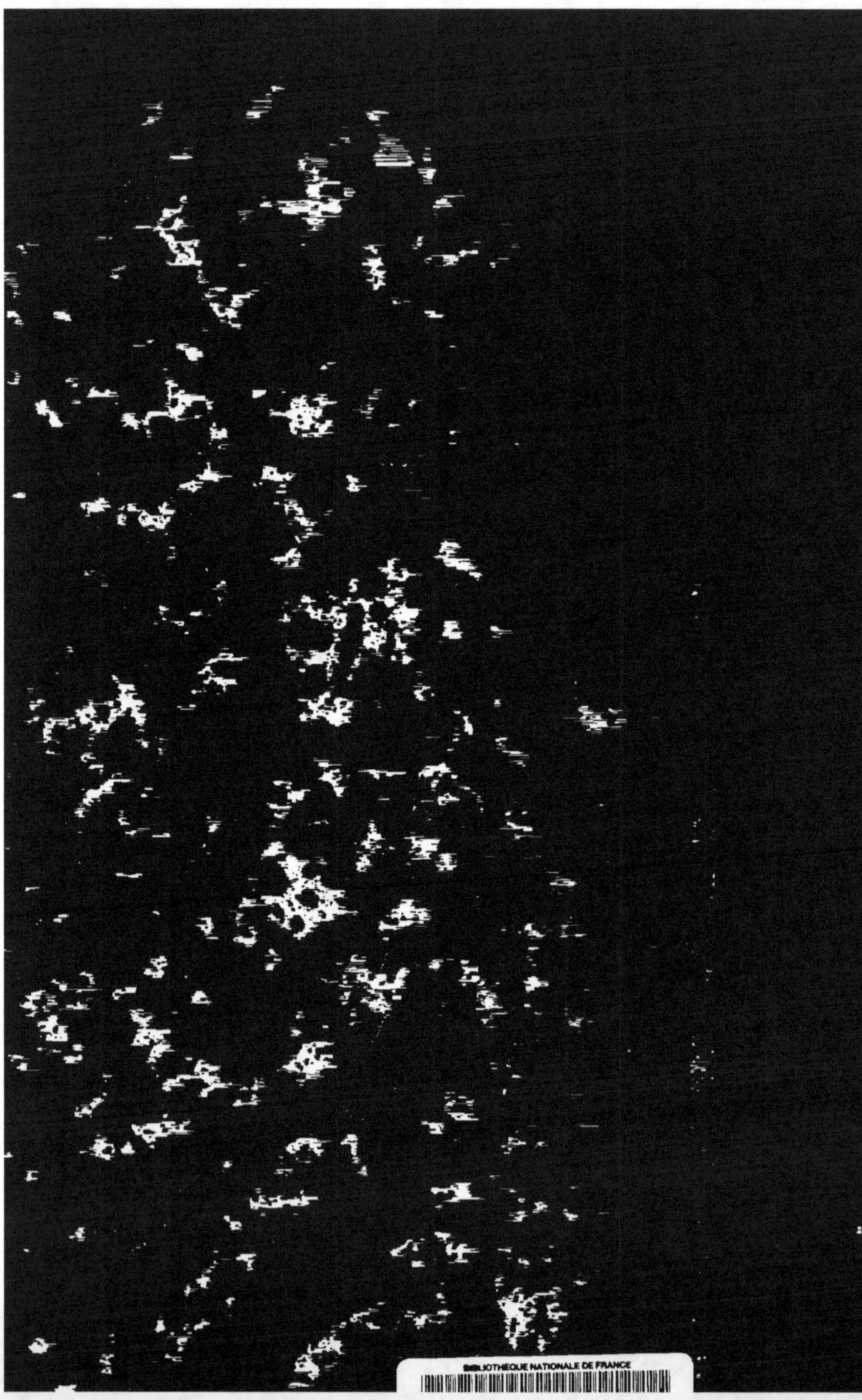